程丽则 著

千枫

身影

南京大学出版社

目　次

1 | 渐行渐远是故乡

父亲程穆庵

1913年9月21日，程千帆出生在湘江畔的长沙清福巷。因由长沙湘雅医院美国医生胡美接生，故取乳名美美，按湖南方言，又被家人称为美伢子。

美伢子学名逢会，改名会昌，字伯昊，四十以后，别号闲堂，千帆则是曾用笔名之一，中年后遂通用此名。

千帆家境清贫，但是世代有文化传统。作为家学，自曾祖父始，几代人读诗写诗，出有诗集。千帆少时即通声律，幼稚的作品曾得到叔祖父和外祖父的积极鼓励。批语中"诗笔清丽，自由天授"、"有芊眠之思，可与学诗"这些溢美之词，都在有意无意之间促成了千帆与诗学的不解之缘。

曾祖父名霖寿，字雨苍。伯祖父名颂藩，字伯翰。叔祖父名颂万，字子大，号十发居士。父亲名康，字穆庵。他们各自都精于书法，有诗文结集问世。

千帆与父母的合影，照片上的千帆约一岁，懵懂在父母关爱的幸福之中

程颂万曾于宣统三年任职湖南高等学堂（前身为岳麓书院）监督，现尚有书法对联"纳于大麓，藏之名山"悬于湖南岳麓书院二门。他生性旷达，曾撰书一联"想起来如何了得，放下去有个自然"，充满了人生的智慧与哲理，千帆经常以此自勉并告诫儿孙。

千帆的外家车氏是湖南邵阳望族。母亲姓车，名诗，字慕韫，意为仰慕东晋谢道韫。外祖父名赓，字伯夔，曾在湖北京山、湖南永顺等地任职知县，以书法知名当世。姨母车书，字慕昭，意为仰慕汉班昭。姨母毕业于著名的长沙周南女校，她精于刺绣、编织，十七岁时编织的一幅丝线桌布作为湖南省的佳作，参展南洋劝业会并获得三等奖。

千帆的姨母三十二岁才从长沙到北京完婚，夫婿张宪寯当时任平绥铁路的工程师。此为1928年在北京生活时，一家人的合影

叔祖程颂万

程颂万的书法作品——岳麓书院二进门所悬对联

南洋劝业会是一百年前我国历史上举办的第一次大型博览会，于 1910 年在南京举行，建有场馆三十六处，参展物品达一百万件，历时六个月，吸引了三十万海内外观众。

1923 年左右因军阀混战，千帆随父辈迁居到湖北武昌，在那里度过了短暂的少年时光。

1957 年春天，千帆一家三口与老外婆在汉口的合影，当时老外婆已经八十八岁了

当千帆三岁的时候，二十四岁的母亲因难产去世，留下的妹妹也在三岁时夭折。父亲忙于生计，无暇照顾幼小的孩子，千帆就寄居在外公家里，得到了外婆和姨妈无微不至的照料。

外公车赓曾在军阀时期做过知县，后来赋闲在家。故而当时家里条件还是很好的，屋后有一座柴山，门前有两口鱼塘，每逢冬天，就抽水捕鱼，制成大量的腌鱼。

千帆每日都在园中玩耍，跑来跑去。有一年夏天，他穿了一身新做的白绸褂裤，在风中衣衫飘飘十分得意，特地站在园中的月亮门下吹了一下午的风，结果晚上就发烧了。

千帆的外婆是一个十分贤明的女子，能够坦然地面对生活，宠辱不惊。原来家产富裕，她不曾骄横，后来穷了，她也依然活得平静、健康。面对生活境况的变化，有时还风趣地自嘲："我是五十岁穿皮裤，八十岁穿棉裤。"外婆对待生活的态度不仅影响了千帆的姨母，也影响了千帆，培养了他适应不同生活处境的良好心态。

外婆生于同治八年的夏天，健康地活到九十八岁，于 1967 年春天无疾而终，是家族中的长寿老人。

1957年春天，千帆到湖南
参观学习时，在韶山留影

　　作为一个宁乡人，千帆却从来不曾到过他的故乡，作为一个湖南人，他又在少年时代就离开了湖南。

　　千帆的老家在宁乡土蛟湖竹山湾，叔祖十发老人程颂万在清光绪年间写过一首题为《竹山湾庐》的诗：

　　　　老屋及春荒，东西尚几厢。仍将明代瓦，来补国初坊。
　　　　父老溪前后，儿孙竹短长。欢携觅杯具，多恐负江乡。

　　从此，这首诗便造就了千帆遥远思乡梦中的一座"意园神楼"。

　　在三十年代初，一次暑假中，千帆随父亲回到长沙为生母扫墓，那是他离开故乡后的第一次返乡，喜悦中浸透了悲凉，正如他的父亲程穆庵在诗中所言：

客久思乡今始归,归来疑梦复疑非。

十年情话亲朋老,一酹心丧庐墓违。

倒树出崖悬路卧,疾流吞涧溅花飞。

山竹雨过残虹在,吟望悲同泪湿衣。

　　尽管乡情恋恋难舍,但千帆父子此生却注定只能为生计继续奔波他乡了。

　　1937 年在流亡过程中,千帆夫妇曾在长沙、益阳住过不到半年时光,无论长沙流亡文人的意气风发,还是益阳资江畔碧津渡的山光水色,甚至房东夫妇和他们待嫁的女儿,都让千帆夫妇难以忘怀。

　　七十多年间,千帆也曾在五十年代四次涉足长沙,皆因出差而匆匆来去,改革开放后机会很多,却只在一次赴广西讲学归来时小作停留。真可谓古人所说的"不暇唱《渭城》"。退休之后,他有此打算,想回到故乡多看看多歇歇,最终还是忙于工作"冇得闲",而未能如愿。

1981 年 5 月,千帆到广西讲学返程路经长沙时,看望姨母的儿子——表弟张瑞洁一家并合影。左起:表弟媳刘植完、陶芸、表弟张瑞洁、程千帆、表侄女张超美

2 家近吴门饮马桥

老祖母紧紧握着宝贝孙女煊宝的小手

沈祖棻,字子苾,别号紫曼。1909年1月29日,出生在一个已日趋衰落但尚保留着文化传统的大户家庭。因幼时算命五行缺火,特取乳名煊,家人昵称煊宝。

祖棻的祖辈原籍浙江海盐,迁居苏州已有几代。祖上数代为官,出过一位忠烈之臣,即祖棻的曾祖父沈炳垣。

沈炳垣(1820—1855)字紫卿,浙江海盐人。生于嘉庆二十五年,道光二十三年举人,二十五年进士,咸丰二年大考获二等九名。任詹事府中允,咸丰五年出任广西学政,督学广西。

时值太平军起义,两广战乱纷扰。沈炳垣任职当年,代巡抚监临乡试,途经梧州,突遇太平军攻城。在城文武官吏皆以炳垣无守土之责,劝其间道回省。炳垣以"学政应为士林表率"坚与地方官吏共同守城。城陷被俘,不从劝降,宁死不屈,惨遭解肢焚烧,仅存寸骨。后被清王朝追封为内阁大学士兼礼部侍郎,谥号"文节"。咸丰九年御赐碑文,广西省城建立专祠以祀,海盐县城建文节祠。

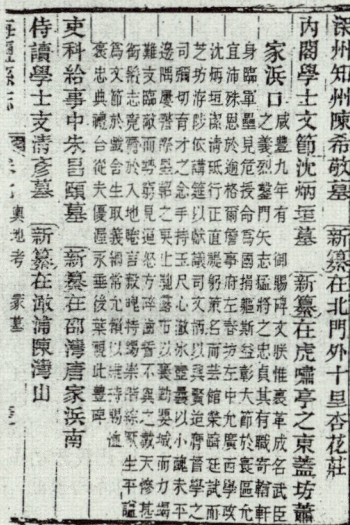

内阁学士沈炳垣墓御赐碑文(见于海盐县志)

祖棻的祖父沈守谦亦曾在清王朝为官,退休后在苏州安家,置下了大石头巷的一座宅院,祖棻就出生在这里。

祖父自号"退安",取意于"退一步想则心安"的古训。他终身临王羲之帖,精于书法,与当时苏州的名士吴昌硕、朱孝臧等都常有往来。祖母则仁慈宽大,敬上睦下,温良恭俭。

祖棻的父亲沈葆源为人严谨刻板,一生淡泊名利。

祖棻在家中是长孙女,且只有一个妹妹。她自小温柔可爱,聪明好学,深得祖父母欢心,父母也十分器重她。封建大家庭中,当家人的地位高高在上,吃饭都是单独开桌,唯有祖棻在儿孙辈中享有殊荣,可与父亲、祖母同桌进餐。

祖父沈守谦

旧宅中尚存两座精美砖雕门楼，第一道门楼的门额隶书"含飴履中"，第
二道门楼的门额行书"鹰翔凤游"。充分体现出和谐、中庸、进取的儒家思想

　　在大家庭的众多堂兄弟表姊妹中，她又被戏称为"贾
宝玉"，不仅因为她是老太太的掌上明珠，同时也因为她秉
性温厚，从不恃宠自傲。祖棻对长辈极为孝顺，在她十几岁
时，祖母一度病重，祖棻效仿二十四孝，在表妹梁明漪的帮
助掩护下，自己用剪刀剪下手膀上的一块肉作为药引子放
在药汤里煎给祖母喝，从此在臂上留下手拇指大小的疤
痕。

　　大家庭里有堂兄、堂弟，与祖棻年龄相近的堂侄们，还
有住在隔壁的表妹、表弟们，大家自幼一起成长，感情甚

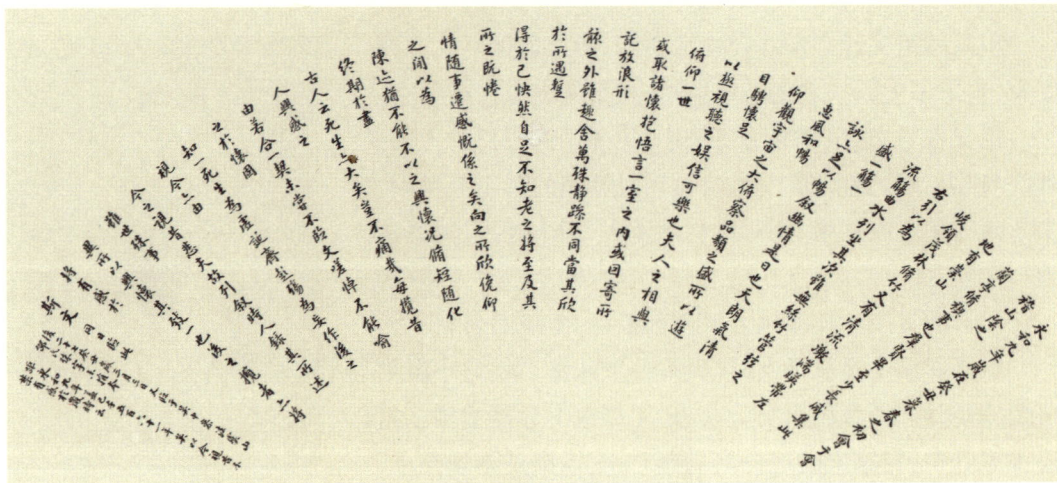

沈守谦扇面书法(临兰亭帖)

笃。园子里春日有梅，秋天有菊，当时家道尚殷实，每年秋天在花厅用百来盆菊花堆成菊花山，一家人在此持螯赏菊，兄弟姊妹们亦会望月联句。堂兄沈楷亭比祖棻年长十多岁，喜爱诗词文学，祖棻深受他的影响，与文学结下了一生之缘。

大石头宅院古色古香，房屋前后好几进，中间有天井，后面有花园，园中有一栋当时属于较为西化的小楼。前面的天井内有一巨大石块，乃天上坠落之陨石，据说相当于两张八仙桌大小，一半沉于地下，故此地取名大石头巷。

1928年，祖母去世，大家庭逐渐分崩离析，终于在抗战时期，于1940年将居住了三十多年的老宅易主，归于吴氏。现为大石头巷36号。1963年，宅中精美的砖雕门楼已被列为苏州市文物保护单位，1982年保护范围扩大至整个吴宅。

堂兄沈楷亭

1946年，祖棻自四川返回上海，与堂兄沈楷亭夫妇及其八个子女久别重逢，合影留念。前排左起：沈楷亭之女九妹、沈楷亭夫人、沈楷亭、沈祖棻、沈楷亭之女七妹。后排左起：沈楷亭之子老六、老二、老四、老大、老三、老五

祖棻曾有词怀念故居:"家近
吴门饮马桥,远山如黛水如膏。妆
楼零落凤凰翘。"

1992 年以来,祖棻的外孙女
早早(张春晓)多次前往寻访旧迹。
直到 2011 年,依然可见青砖粉墙,
雕花门楣上精美的纹饰。只是经过
了百年的风风雨雨,世事沧桑物是
人非。现在宅院早被前后隔断,分
住多户人家。

祖棻苏州旧家附近的饮马桥

旧宅后面小院中的二层小
楼,当年祖棻与祖母住在楼上

3 唇上胭脂的苏州美人

这位温柔、沉静的少女正是那位后来被同窗誉为"唇上胭脂"的苏州美人

祖棻从小喜欢读书，在封建的家庭中经过许多曲折和抗争，她得以在上海念中学，先后进过坤范中学和南洋女子中学。

1930年，她听从父命考入中央大学上海商学院。可是祖棻自幼受家庭耳濡目染，酷爱文学，对商业则鲜有兴趣，一年后，终于在父亲的同意下转入了南京中央大学中国文学系学习，自此如鱼得水，学有所成。

她大学时代的同班女友，后任台湾东海大学中国文学研究所兼职教授的尉素秋在《词林旧侣》一文中曾经这样回忆道："我们的词卷上不签署自己的真名姓，而以词牌作各人的笔名，这笔名要以显示各人特点为原则。……点绛唇沈祖棻。她是苏州美人，明眸皓齿，服饰入时。当时在校女同学很少使用口红化妆，祖棻唇上胭脂，显示她的特色。……我们不止有词社，还有另一种关系，即同是大观园中的角色。例如元度是元春，我是探春，伯璠是宝钗，祖棻是宝琴……等等。"

中央大学吴梅教授1932年11月9日的日记中亦有提到："晚间王嘉懿率二女生至，一名沈祖棻，一名龙沅，沈极美，又是吴人，吾妇颇投契也。……"

更鲜为人知的是，祖棻的字"子苾"是1934年由黄侃（季刚）师所赐。原始资料来自祖棻1956年11月6日所填的《干部履历表》。

苏州这座千年文化名城,山清水秀,人文荟萃,那里的文化积淀赋予了祖棻秀美的外形、沉静的性格、细腻的情感和飘逸的灵气。自从她到南京读书以后,生命之旅却在运命中愈来愈远离了故乡和亲人。

迢迢吴山越水从此成为她终生魂牵梦萦的主题曲,翻看涉江诗词,此情此景随处可见:

"熏笼经岁别,故箧余香歇。昨梦到横塘,一川烟草长。""忍忆吴江,对愁枫、啼彻霜影。但归程呼侣,不惜白头相等。""回首江山暗尘雾,似水乡愁流不去。""虎阜横塘数夕晨,年年归梦绕吴门。""一带朱楼护碧纱,千山烽火望中赊。从今纵有江南梦,明月梅花属别家。""人生只合住吴城,片石丛花俱有情。除却梦窗知此意,徐公杨子共萦愁。"

大学时代的沈祖棻

2009年秋天,祖棻的外孙女早早,徜徉在这小桥流水、吴侬软语的人间天堂,寻找外婆的足迹

苏州园林甲天下

4 金陵少年侧帽郎

1928 年秋，由于一个偶然的机会，十五岁的千帆随一位同学和他的父亲由武汉来到举目无亲的古都南京，考入金陵大学附属中学初三年级，中学毕业后免试升入大学，1936 年毕业于金陵大学中国文学系。随后又考取了金大新成立的史学研究所的研究生，但是由于抗日战争的全面爆发，失去了继续深造的机会。

读书期间，千帆曾任金中校刊编委秘书

金中校刊社职员

社　　长	………	鍾志剛
秘　　書	………	程會昌
總編輯	………	魏亞奇
論著主編	………	{鍾志剛 劉子腐
文藝主編	………	胡紹峯
雜組主編	………	魏亞奇
編　　輯	………	{張兆翔 何錫麟 高本樂
書　　記	………	{唐隸岳 易伯魯
社務部長	………	楊嘉勇
出　　版	………	朱錫芬
交　　際	………	唐玉珩
交　　際	………	張訓禮
財　　務	………	胡國華
旅　　務	………	靳懷智
本刊顧問		
社務顧問	………	張　坊博士
編輯顧問	………	{林憲章先生 陳愛勤先生 吳劍飛先生 陳儲良先生

1930 年金中校刊社职员名单，第二行印有秘书程会昌

金大附中作为教会学校，其教学内容和教育理念，对于长期主要接受私塾教育，背诵《古文观止》、熟读四书五经的千帆来说，绝对是新鲜事物。在校期间，他努力吸取各种新知识，同时发挥所长，积极活跃地投入课余社团活动。

金中校刊社全体职员合影，前排右三为千帆

1932 年 6 月 13 日，千帆与中学好友在金中网球场留影。左起：余树基、李崇道、吴
茂鹿、程千帆

1988 年千帆庆贺母校金陵中学建校 100 周年题词

钟阜巍巍 江水泱泱 三桥宇斯它
源远流长 百年树人群意汪洋
达材成德 蔚为国光

母校金陵中学建校一百周年纪念
一九三三年毕业生程千帆恭贺

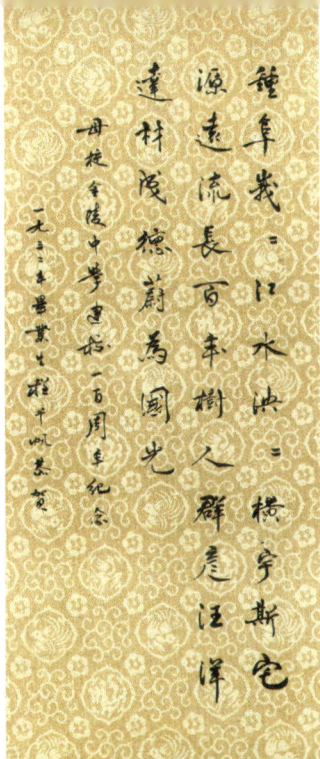

1936 年大学毕业后，千帆曾在金中任教一年。

由于父亲常年失业收入无定，因而千帆学生时代的生活同样得不到保障，最困难的时候，冬天衣衫单薄，没有袜子穿，只有去操场猛踢足球借以取暖。大学四年中，千帆先后干过图书管理、代人批改作文、写作投稿、代课等工作，以补贴生活、学习费用。多年后在一篇寄语青年学子的文章中，他说："我当年也是特困生"。

有一年寒假，同学中一位姓佘的湖南老乡，家住南京杨公井，因同情千帆经济紧迫，特地住在学校，每日两次陪同千帆一起步行十余里回家吃两顿饭。多少年过去，千帆早已是白发苍苍，可是对于当年的同学情深，依然不能忘怀。

1986 年 4 月 20 日，金陵中学校友会成立大会合影（部分）。第一排左八为程千帆，左九为中学同窗好友、金中退休教师王永芬

千帆在学生时代不仅爱踢足球，而且自行车技颇为高超。常常与同学一起从车行租车出游，他不仅能脱把快骑，还能从车的右侧上下，甚至将车向前推出，然后飞身上车。他一度又迷上了网球，常常足蹬白鞋手握球拍，跳跃在网球场上，几十年后还在老同学孙望的回忆中被誉为"一只轻盈的小燕子"。由于经济贫困，当时虽然迷于网球却买不起一只球拍，千帆在后来的日子里常常会这样感叹，因为当球拍的价格不成问题时，早已时过境迁，青春不再。

1998 年 10 月 2 日，金陵中学举行建校 110 周年庆祝大会。耄耋老人难忘当年，在金中钟楼（办公楼）前留影

风雨历程六十载，1995 年 4 月，千帆又一次在他当年的金大学生宿舍——庚字楼前留影

1936年大学毕业前夕，千帆留下了数张极其珍贵的校园照片。

千帆身后的北大楼当时是金陵大学文学院所在地。往事悠悠，作为历史的见证，北大楼也历经沧桑，今天它依然是南京大学的象征，屹立在莘莘学子心中

金陵大学北大楼石阶上留影

金陵大学庚字楼宿舍门前

在1936届同学们手植毕业树前留念

1936 年，千帆在大学毕业期间

1934 年，祖棻的中央大学
学士毕业照

金陵大学是千帆生命中一生事业和爱情的发源地。

三十年代南京的高等学府中，大师云集，使千帆或有缘受业门下，或得以有所请益。千帆曾先后师从黄季刚、胡小石、刘国钧、吴梅、汪辟疆、商承祚等先生。诸位老师各有专长，使千帆耳濡目染，枵腹日充。学友中，千帆陆续结识了孙望、常任侠、徐复、沈祖棻、游寿等，这些名驰文坛学界的良师益友是千帆一生宝贵的财富。

读书期间，千帆与孙望等学友自费创办了《诗帆》半月刊，创作新诗，发表评论，吸引了不少志趣相投的同学积极投稿，刊物发行也收到良好的反响。他们还曾将刊物寄给了当时的日本大学者——东京帝国大学的汉学家铃木虎雄，没想到他和孙望居然分别收到了回信并得到赞许和鼓励，这件事对他今后的教师生涯有很大影响。

祖棻于 1934 年毕业于中央大学后，随即考入金陵大学首届国学研究班。在她读研究生期间，千帆与她相识了，由于志同道合，两人在相交相知的过程中爱情也随之到来。

1937 年 9 月 1 日，二人于逃难途中在安徽屯溪结为夫妇。

1936 年暮春，金陵大学北大楼（文学院）前，蔷薇花怒放

1936 年的春天,千帆与祖棻满怀爱情的憧憬漫步在南京玄武湖公园

1936 年初，明孝陵雪景留影。千帆、祖棻的后面是祖棻的妹妹沈祖芳，当时在南京读大学

1998 年秋，金陵大学建校一百周年之际，在原金大校园旧址处立碑纪念，千帆应邀为之题名。此时距千帆踏入金大求学，已是悠悠六十六载春秋

5 相逢年少承平侣

孙望(1912—1990),字止畺,出生于江苏常熟乡下一个教师家庭,自幼聪慧。1932 年秋考入南京金陵大学中国文学系,与千帆成为同班同学,自此结下深厚情谊。

1934 年,孙望、千帆及校友汪铭竹、常任侠、滕刚等组织"土星笔会",从事新诗创作,9 月 1 日出版了设计精致的小型期刊《诗帆》。其中,汪铭竹、滕刚二人的诗风尤为清新、凝练,孙望认为,无论意境或艺术,"二人的成就已越过风靡一时的新月派而迈进了一大步。"

读书期间,孙望还与千帆等组合"春风文艺社",借报纸副刊的篇幅编了一个周刊,并以此为阵地,孙以"盖郁金"、"河上雄"为笔名,千帆以"左式金"作笔名,跟自封为"青年的文学导师"的王平陵打了一段时期的笔墨官司。千帆之前曾取笔名"平帆",就是因为不愿与王平陵有一字相同,遂改为"千帆",以示对其的藐视。

后,孙望因家庭经济问题,延长学习年限,至 1937 年毕业。毕业后,孙望到长沙,在资源委员会下属部门工作。期间,田汉在长沙主办《抗战日报》,廖沫沙任副刊主编,特邀孙望、常任侠、力扬给报纸编周刊《诗歌战线》。孙望等人的这项业余工作活跃了当时长沙的诗歌空气,吸引了许多爱国的文化青年热情参与创作、研讨。

1937 年秋冬,千帆夫妇逃难途中,由屯溪先后来到长沙,一度栖身天鹅塘孙望家,并积极投身诗歌活动,与诗友们共抒抗日救国之情怀。

当时,常常聚会的有诗人孙望、吕耕亮、力扬、常任侠、汪铭竹、吴白鹤、千帆夫妇,还有画家张安治、孙多慈、卢鸿基、陆其清等。

对于这段光阴,祖棻有诗回忆:

四十年代,孙望、
霍焕明夫妇合影

湖海元龙让上床,肯令梁孟住长廊。
楚辞共向灯前读,不诵湘君诵国殇。

屈贾当时并逐臣,有情湘水集流人。
狂朋怪侣今何在?喜见江山貌已新。

狂歌痛哭正青春,酒有深悲笔有神。
岳麓山前当夜月,流辉曾照乱离人。

　　七十多年前,这些年轻人的青春、友谊、热血、悲情都
跃然纸上。

　　孙望对中国新诗的发展作出了贡献,但最终他还是从
事了中国古典文学的教学与研究,并取得诸多成果。1942
年,应高文的邀请,他与千帆夫妇一同回到母校金陵大学
任教。1952年始,孙望便一直在南京师范大学任教。

　　孙望的女儿原靖曾询问千帆伯伯:"你们当年那样热
血飞扬,激情浪漫,写了那么多那么好的新诗,为什么后来
都改行教古典文学了呢?"千帆轻轻一语带过:"为了吃饭
呀。"

1938年2月,当时也羁旅
在长沙的女画家孙多慈为祖棻
所画像

1955年12月18日，孩子们的合影。左起：程丽则、孙原平、孙原靖、孙原安

1955年，祖棻随江苏师院中文系合并到南京师范学院。自抗战逃难、解放后各自东西以来，又一次与孙家往来密切。尤其是星期天，祖棻母女最常去的就是孙望家和杨白桦家。两家的孩子也常常玩在一起，祖棻亦有诗记录："花前渐减少年心，重到金陵岁月深。元白通家交谊旧，笑他儿女日相寻。"

孙望自年轻时便体弱多病，为人极其谦逊和蔼，处事亦谨小慎微。孙望夫妇与千帆夫妇通家情笃，"文革"中，各难自保，为避嫌久绝音书，故祖棻有诗怀念并微嗔之：

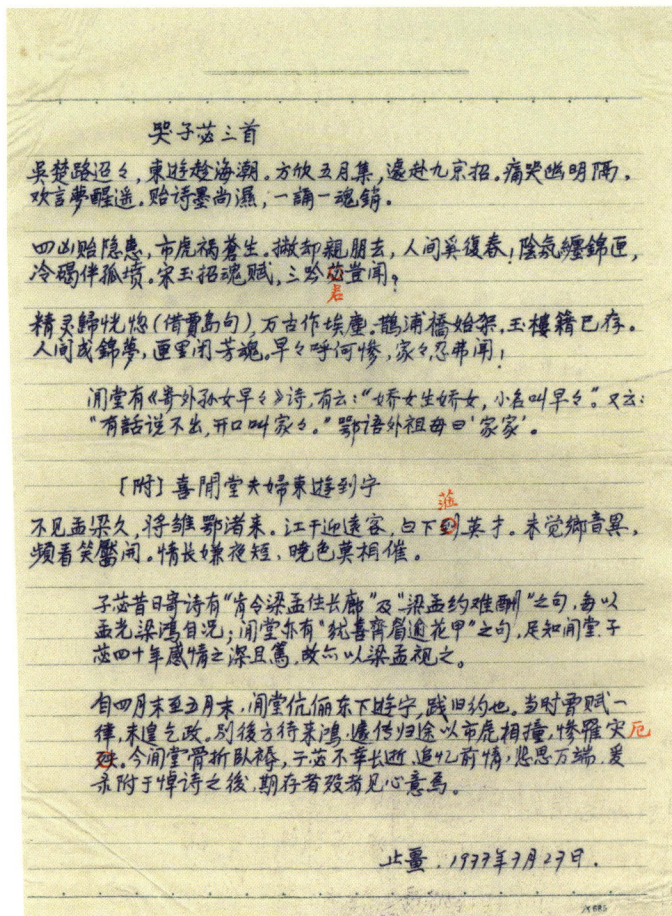

孙望悼念祖棻诗作手迹

元白交亲迹已疏，
万金未抵一行书。
秣陵旧事难重理，
空向旁人问起居。

孙望于1990年6月1日，猝发脑溢血，倒在为学生忙碌工作的案前，抢救无效去世。不幸的消息令千帆大恸，泣撰挽联，充满了难忘的记忆和深情的怀念：

止畺尊兄先生 哀辞

五十年尔汝之交踪迹未尝疏，最难忘弱冠初逢，坐雨联吟如昨日。

旬日前谈笑犹接平安仍有信，竟何至人琴顿杳，倾河注泪哭斯人。

弟 程千帆敬赠

高文(1908—2000),字石斋,出生于江苏南京的一个世宦家庭,自幼受到传统文化的教育,于经史子集均有涉猎,打下良好的国学基础。

1926 年,高文考入金陵大学中文系,1934年又考入金陵大学国学研究班,与祖棻、徐复、萧印唐、章荑荪、游寿等为同班同学。高文以文字学、史学、诗学和书法见长,尤精于考据之学。解放后调入河南大学中文系,直至 2000 年 11月去世。

今人刘梦芙《"五四"以来词坛点将录》中赞其为"地伏星金眼彪施恩",特别提到在"四十年代初违难西蜀,与庞石帚、沈祖棻、程千帆、刘君惠、白敦仁、陈孝章、萧印唐诸家共作《霜花腴》、《高阳台》词,歌哭山河,与少陵诗异曲同工,堪为词史"。

高文和祖棻同为研究班的同学,与千帆也属金大的先后同学,彼此友谊甚笃。高文家住南京七里洲,筑有深柳读书堂,经常是同窗好友一起论艺衡文、聚会唱和之地。

祖棻在四川时有《踏莎行·寄石斋、印唐成都,二君皆金陵旧侣》词云:

1943 年除夕,高文所赠书法条幅

白袷衫轻,青螺眉妩,相逢年少承平侣。惊人诗句语谁工,当筵酒盏狂争赌。
花影楼台,灯痕帘户,湖山旧是经游处。过江愁客几时归?神京回首迷烟雾。

"文革"中祖棻亦有诗怀念:

> 早筑诗城号受降,长怀深柳读书堂。
> 夷门老作抛家客,七里洲头草树荒。
>
> 高生投老绝交游,抛尽诗筒与酒筹。
> 蜀水吴山懒回首,吹台独上古中州。

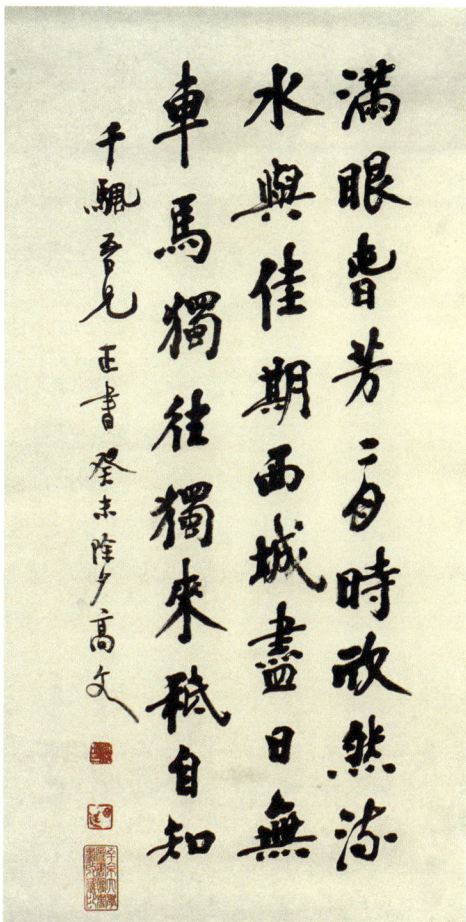

解放以后,高文蛰居汴梁,曾经豪气干云、议论肆出的他与友人逐渐疏远,以免互受牵连。至"文化大革命"中,面对文字狱如此严酷的现实,高文更是选择了沉默谨慎,深居简出。

七十年代中期,由于祖棻《岁末怀友》四十二首的强烈感染,高文终于迸发出二十多年被压抑在心中的诗情与热情,写赠祖棻八首诗,祖棻逐一和之。以下各选一首:

(高)韵比寒梅尤绝俗,词怜漱玉最超群。衰年何以慰幽独,欲折榴花寄似君。

(沈)天末冥鸿成远举,霞边孤鹜怅离群。廿年休道无音信,旧卷重开每忆君。

从以上这些诗词中,我们看见的是前辈学者们年少轻狂时的欢乐,历次政治运动后绝望谨慎的生活状态,以及他们终老也不会放弃的友谊与诗歌。虽彼此牵挂、热忱相邀,然命运无情,相聚开封、同游中原古迹、共尝汴梁西瓜,终成一纸空约。

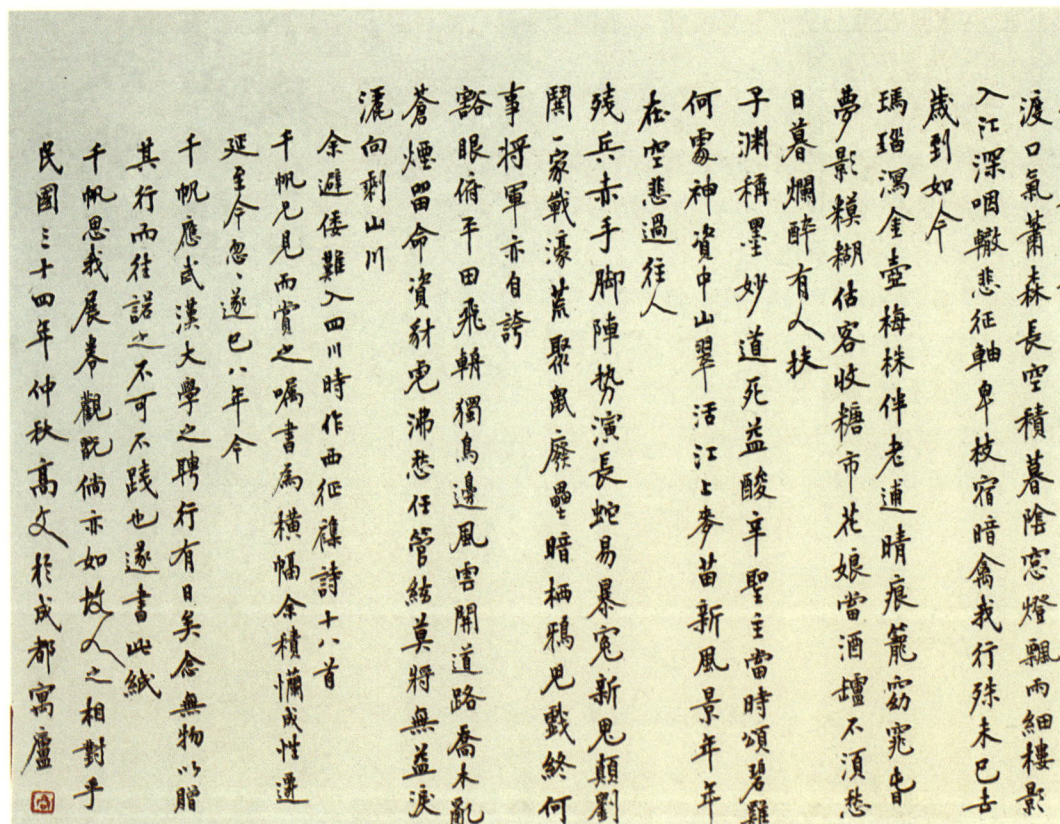

1945年仲夏,高文所赠书法长卷(部分)。诗书并佳,堪称高文早期的书法得意之作

殷孟伦（1908—1988），语言学家。字石臞，四川省郫县人。1932年毕业于中央大学中国文学系，1935年赴日本东京帝国大学深造。归国后历任四川大学、中央大学、山东大学中文系教授。是四川著名学者赵少咸的女婿。

殷孟伦早年曾受业于赵少咸、黄侃，并接受过章太炎的启发和指导，从而使他在传统语言学的文字、音韵、训诂方面打下了扎实的基础。

三十年代初，殷孟伦由成都高等师范学校转学至南京中央大学，正好由黄侃老师主试。殷孟伦的学识才华得到黄师的极大赏识，竟然一下子三门考试都给了一百分，这在文科中几乎是没有先例的。

三十年代中后期，风华正茂的殷孟伦

祖棻在后来的回忆中经常谈到此事，盛赞其为"一日之内，名满京华"。当时许多同学特别是女生都争相前往探看，想一睹这位四川青年才俊的风貌。祖棻又有诗赞曰：

当年名下无双士，同学班中第一人。

三峡江山助文藻，六朝烟水忆风神。

殷孟伦不仅学问扎实，而且为人正直，对朋友亦是古道热肠。

1957年，千帆被错划为右派分子，工资骤减为三十元。过了两年，国家进入所谓"三年自然灾害"时期，物资供应奇缺。千帆当时抽烟多，只好买质量很差、味道很凶的阿尔巴尼亚烟，即使这样的烟也是凭票供应，数量很少。在当时，国家对高级知识分子有一定照顾，比如每月可供应几斤白面，几包好一点的香烟。殷孟伦自己不抽烟，他就将这些烟积攒起来，不定期地寄给千帆，解决他的一些困难。这样的情况持续了两年多，直到国家经济形势好转。

国家度过困难期后，政治形势也略有松动。武汉大学重新安排校内的右派分子，原讲师以上职称者回到各系工作，助教分配在校内各行政单位。千帆于1962年离开农场，安排到中文系资料室直至"文革"开始。千帆担任资料员期间，工作比较轻松。他立即抓紧时间，收集材料写作论文，但凡有查不着的，他都写信给殷孟伦，由殷孟伦设法帮助查询寄来。

七十年代，殷孟伦为人书扇面

劫后余生，故人故地重逢，
何其欢畅

值得一提的是，以千帆的学识作为资料员，给予前来查阅的青年教师提供了极大的帮助，这是一般资料员无法做到的。多年后，不少当年受惠的教师提起此事还津津乐道。

1977年6月27日，祖棻遭遇车祸不幸去世，千帆亦身心俱伤。8月的武汉天气酷热，殷孟伦利用暑假专程来到珞珈山下，吊唁和慰问老友。当时，女儿丽则因过度悲伤在家休息并照顾父亲，千帆的大妹妹程夕佳母女从长春前来奔丧，在狭小简陋的两间房中已住了大小五六口人。殷孟伦却并不在意，挤住一起多日，安慰老友，聊天排遣，还鼓励丽则报考大学。这在当时实属不易，"左"毒未清自顾不暇，若非殷孟伦敢作敢为，对朋友一片挚诚，哪能做到这一点？因此，他也就成为亲人之外唯一的远道来吊者。

改革开放之后，两人见面增多。殷孟伦外出开会，带学生游学，多次来到南京，千帆也应邀到山东大学讲学，参加研究生答辩会。

1988年12月16日，千帆得山东大学电报，知殷孟伦逝世，不胜悲痛。丽则于12月20日代父前往济南吊唁，表达了全家人的哀悼之情。

祖棻生前与殷孟伦通信甚密，常常想象和计划退休之后同到江南安居，在苏州结邻共度余生。丽则也一直希望到济南去看望殷伯伯，为此，殷孟伦还为丽则画了详细的住址线路图。

当然，这些美好的愿望最终都未能实现，如祖棻所言："结邻终负他年约，白首离居湖上村。"丽则在悼念殷伯伯之后，也写了《哭孟伦世丈》诗，其中特别提到"欲结香邻傍越水，还斟新酒过莲池"、"飞鸿一纸空相约，顾骥三番总负望"，来追忆那些难以忘却的情感。

千帆为南大中文系撰吊殷老之挽联：

儒林家法文苑风流，擅一代高名，绩学自堪传后世。
蜀道艰难岱云缭绕，有三千弟子，讲帷同恸失宗师。

丽则在重新整理、扩充本书的照片和文字时，希望能找到一张殷伯伯当年"名满京华"时的照片。为此，从济南114开始，多方查找殷伯伯的儿子殷正林的电话，没想到最终却是惊闻噩耗，得知正林已因病去世多年了。此消息令丽则震惊，长叹良久，想正林逝世时亦不过六十有余。时隔半年，丽则再下决心，又是几次三番拿起电话搜索追寻，苍天不负有心人，终于找到了一位尚存有正林夫人手机号码的办公室老人，才有了殷孟伦青年时代珍贵照片的展现。

1983年10月30日，千帆陪同老友殷孟伦、刘君惠游览清凉山。当时二人赴扬州参加全国语言学年会后到南京。
左起：刘君惠、程千帆、外孙女小燕、殷孟伦夫妇

6 | 涉江填词图

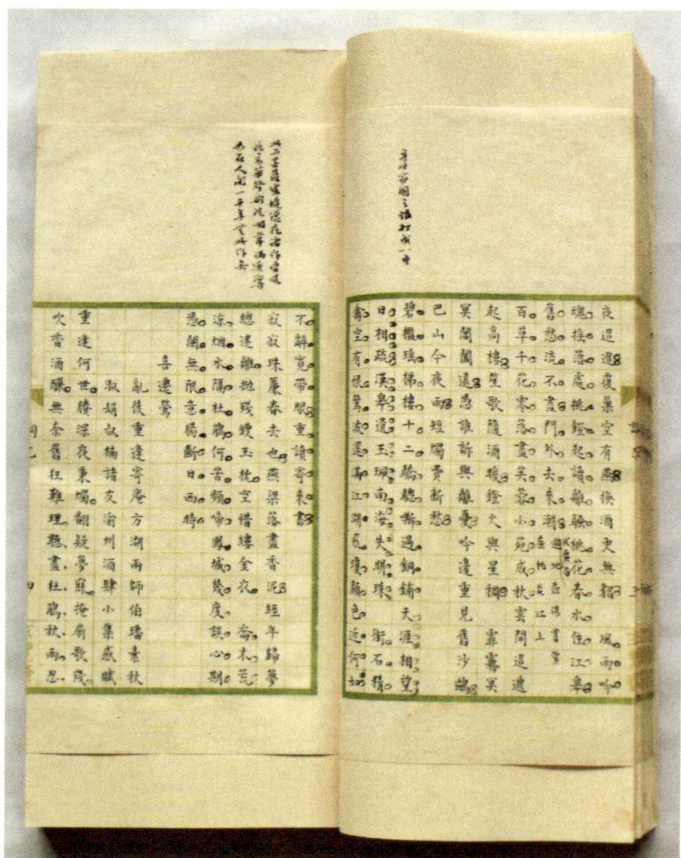

祖棻手书《临江仙》八首，汪师总批给予高度的肯定。批语云："此与菩萨蛮、蝶恋花诸作皆风格高华，声韵沉咽。韦冯遗响如在人间。一千年无此作矣。"

汪东先生（1890—1963），字旭初，号寄庵。早年留学日本，毕业于东京早稻田大学，为最早的同盟会成员之一，曾追随孙中山参加辛亥革命。同时在日本期间从章太炎先生问学，不仅精通国学，并且多才多艺，尤长于词，兼工书法、绘画。

1932年的春天，南京中央大学文学院院长兼中文系主任汪东开设词选课，二年级女学生沈祖棻交来一首习作《浣溪沙》：

芳草年年记胜游，江山依旧豁吟眸，鼓鼙声里思悠悠。

三月莺花谁作赋？一天风絮独登楼，有斜阳处有春愁。

九·一八事变后的民族危机在一个年轻姑娘的笔下得到如此深刻微婉的反映，引起汪先生的惊奇和注意，给予了充分的肯定和鼓励。从此后，师生之间一直保持联系，祖棻在诗词创作的道路上也一直得到汪先生的指导和赞赏。所著涉江词，大部分经先生亲为批点。

涉江填词图立轴

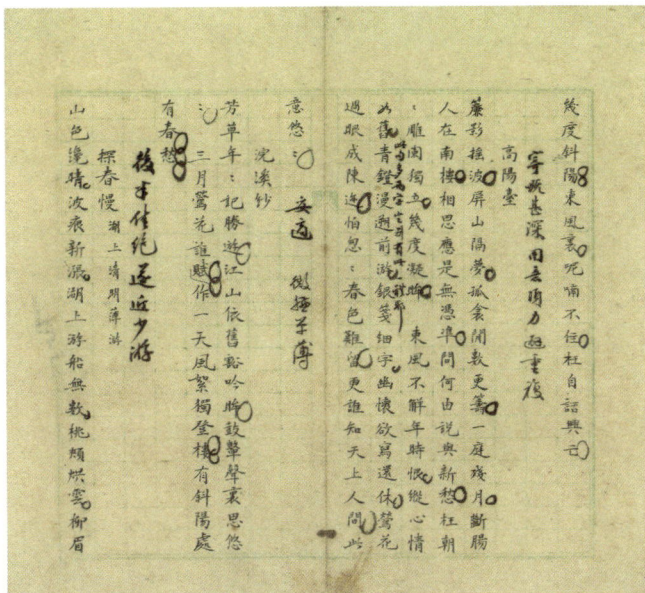

祖棻早期的词学课卷。祖棻由于《浣溪沙》习作得到先生高度评价，自此开始尽力于词。汪师卷中批语云："后半佳绝，遂近少游。"

1945 年 8 月，汪东先生为祖棻作涉江填词图并填《木兰花慢》词。词云：

问词人南渡，有谁似、李夫人？羡宠柳骄花，镕金合璧，吐语清新。前身更何处是？是东阳、转作女儿身。盥手十分薇露，惊心一曲阳春。

知君，福慧自相因，镜里扫愁痕。待采罢芙蓉，移将桃李，归隐湖湄。阊门最佳丽地，料只凭、斑管答芳辰。已办绿杨深处，纸窗不受纤尘。

又跋云："曩郑叔问有冷红簃填词图，图为自作，今归其女夫戴亮吉处，余尝为题《虞美人》一阕。又吴瞿安有霜厓题词图，题者甚众，唯限高山流水一调，余因循未成，而遭乱离，遂负亡友之属，然他日必补成之也。紫曼浙右望族，侨寓苏州，所居距郑吴不远。顷之余写此图。词人鼎足，足为吴中添故实矣。"

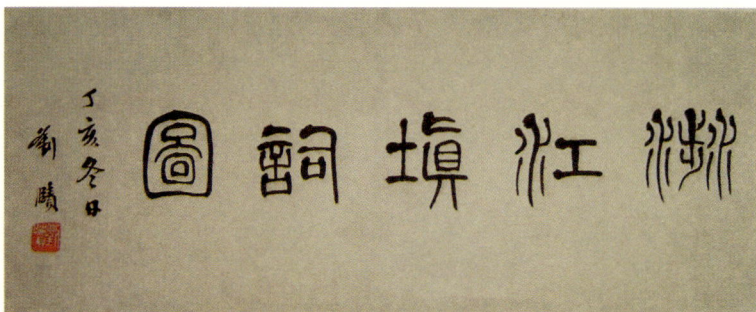

刘赜先生题名

填词图

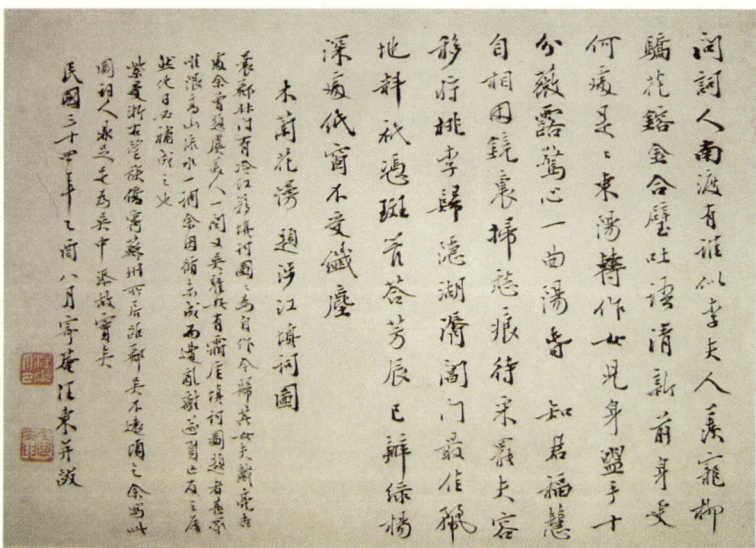

《花木兰慢》词与跋

1963 年 6 月，汪先生逝世，祖棻和老同学殷孟伦受汪师母之邀，利用当年暑假专程到苏州汪宅为先生整理遗稿。时隔三年，"文革"风云突起，一次红卫兵的抄家中，汪先生的遗稿几遭全毁，幸而他的孙子汪尧昌急中生智，趁那些抄家的红卫兵忙进忙出，一时不备，将一包稿子一脚踢进了院子草丛的深处，没有随家中那些书籍字画付之一炬，今日才能够有《梦秋词》留传于世。

1965 年 8 月 9 日，祖棻在苏州东北街道堂巷 1 号汪宅院内与汪师母的合影

千帆的女儿丽则对汪宅也留有美好的印象和情感。自小与母亲在苏州居住时，就经常到汪太老师家里看望。1965 年夏天，随母亲到苏州时又多次去看望汪太师母，并得益于汪家一位热心亲戚，留下了几帧珍贵的照片。1968 年，丽则一人东游，还在汪宅小住几日，受到太师母的热情款待。以后的日子里，虽然汪太师母早已过世，丽则每去苏州拙政园，必眺望与拙政园一墙之隔的汪宅小楼，时间允许的情况下，还会去小楼看一看，尽管早已人去楼空。1996 年，丽则游苏州拙政园时曾有诗怀念汪宅：

春水依然满碧塘，名园小径独彷徨。
楼空壁坏人何在，犹剩当年薜荔墙。

2009 年秋日，丽则与女儿早早又来到苏州拙政园，却不见墙外小楼，经反复打听，方知这一带已于一年前拆除，变为拙政园旁的旅游商品销售小市场了，爬满薜荔的小楼从此灰飞烟灭。

四人合影。左起:汪家亲戚、汪
师母、沈祖棻、程丽则

祖棻母女合影于汪宅小院,一
年后,红卫兵就是在此焚烧汪先生
的书稿、字画

抗战期间，汪东先生曾与学者、书法大师沈尹默同居重庆上清寺考试院陶园之鉴斋，与名士乔大壮、陈匪石等常有往来。诸君相聚必论词，论词必及祖棻，且独对其词咏叹赞誉如一口。

1949 年春，汪师在《涉江词稿·序》中评价祖棻："当世得名之盛，盖过于易安远矣。"

沈尹默曾有诗赞《涉江词稿》：

漱玉清词万古情，
新编到眼更分明。
伤离念乱当时感，
南渡西迁一例生。

昔时赵李今程沈，
总与吴兴结胜缘。
我共寄庵同一笑，
此中缘分自关天。

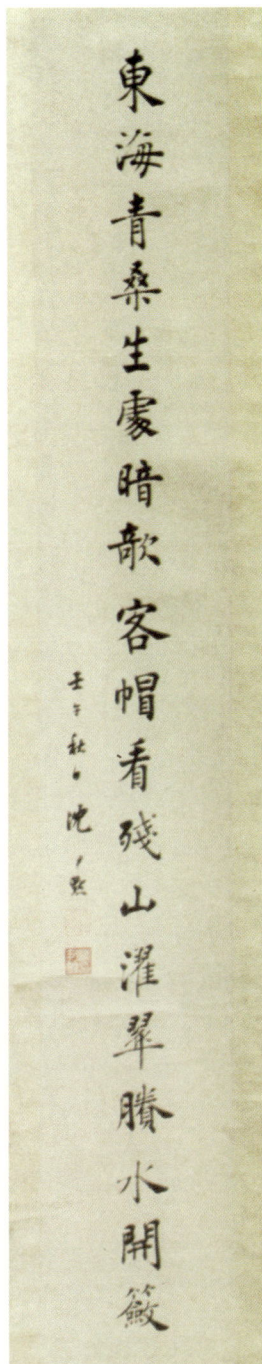

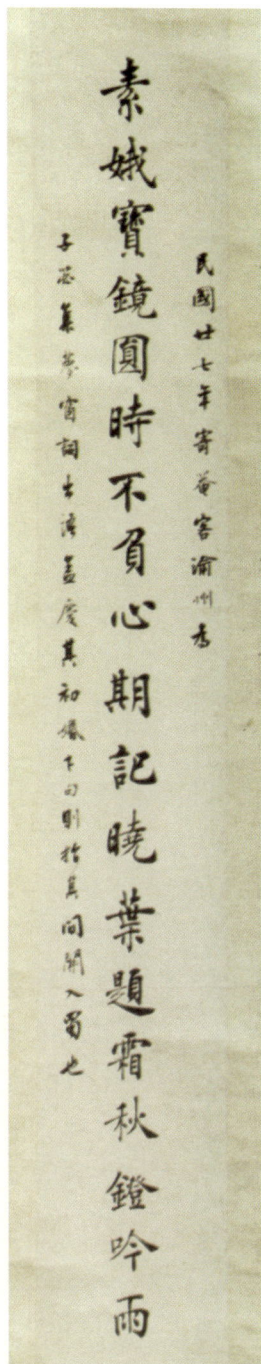

此联是 1938 年沈尹默书赠祖棻者，先生跋云："民国二十七年寄庵客渝州，为子苾集梦窗词。出语盖庆其初婚。下句则指其间关入蜀也。壬子秋日沈尹默。"

激玉清詞萬古情新倒劍眼更分明儻誰念亂當時

感南渡西來一例生 鄉里休辭越膽集身家不擷一

清真美周柳於非速宵典前朝作後塵眼底紛紜

接重先李調蘇辛二種場一事代須論格律色能用

趑鵬能長 偏將悲病作詩裹奇能天孫育報章

家是情餘能縷命不教化刧迴腸 着時趑李令程

沈從興吳結勝緣我共寄卷同嘆此中餘法日開

天 注戊寄耆出示

子藝學士所為詞屬為題詠得詞能山玉者一時

興到之作主崇寫寄此秊進戊都如嶽忉刲

教

回稿奉錄奉

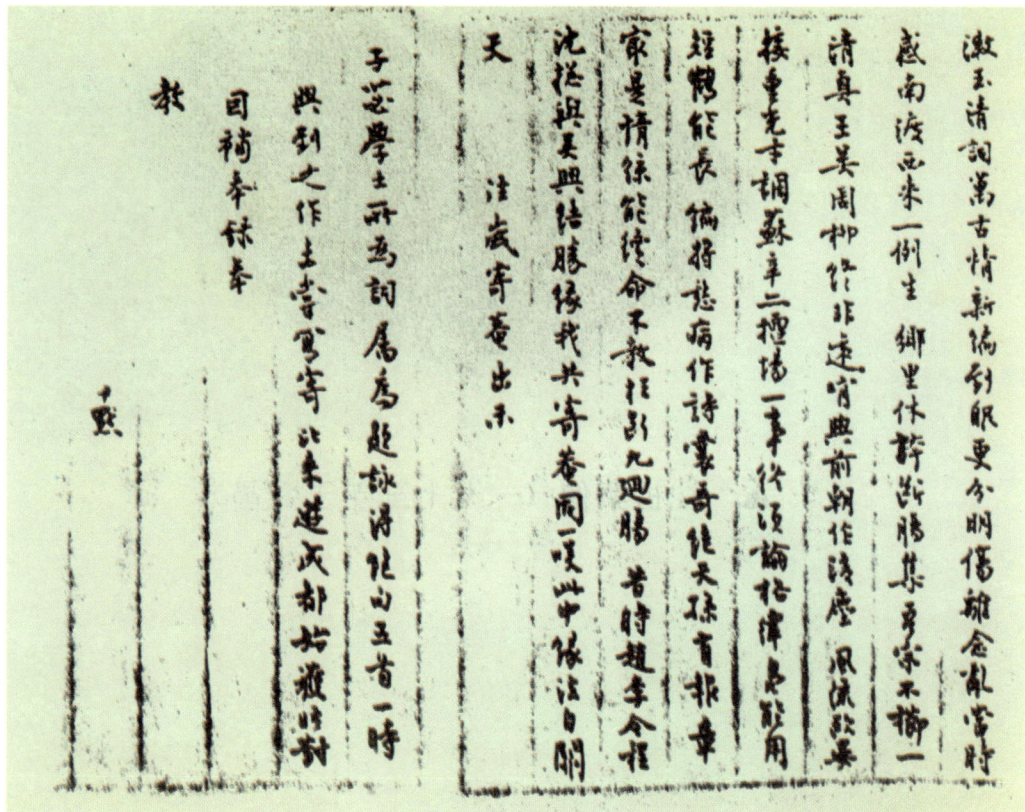

沈尹默诗赞《涉江词稿》手迹

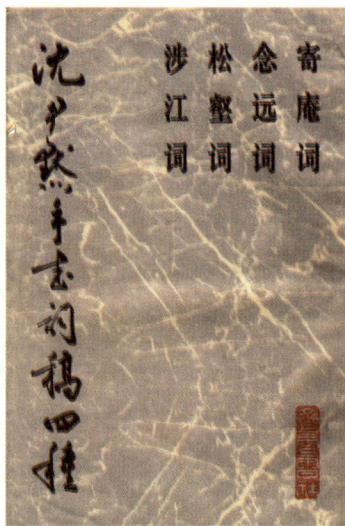

寄庵词
念远词
松蟿词
涉江词

沈尹默手书词稿四種

《沈尹默手书词稿四种》

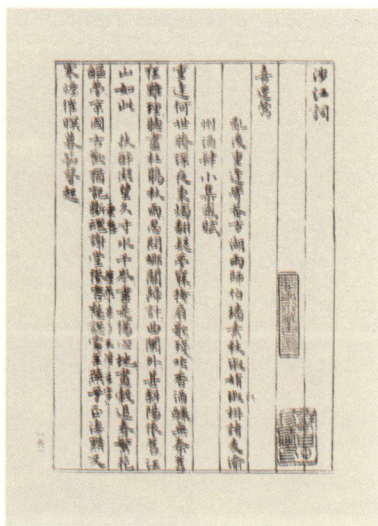

沈尹默手书祖棻词《喜迁莺》

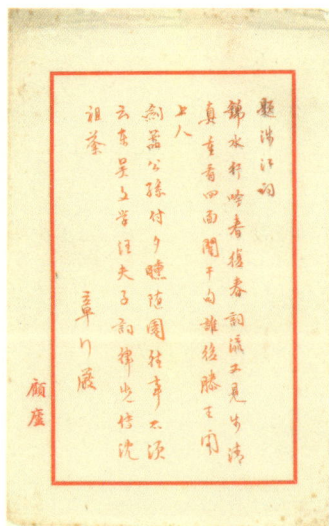

题涉江词
锦水新吟春复春 词流正见古灵均
真香看四面闺中句 雄绝滕王阁上人
剑器公孙付夕暏 闺枕意须
云表吴王誇飞卿 敲应怜沈
祖棻
章士钊
顾庵

涉江词受到许多前辈学者的
赞赏，此为章士钊题《涉江词》

7 门下门生皆有文

1937年8月下旬,日寇飞机轰炸南京日甚,千帆、祖棻避难到安徽屯溪,并在那里结婚。经过在安徽、湖南等地的颠沛流离,于1938年春到达四川,辗转于重庆、雅安、乐山、成都等地,直至抗战胜利。

八年抗战,祖棻历经国破家亡,远离故乡亲人,父、妹先后离世之苦,她的创作才华在民族苦难中孕育成熟。她用少女的心,少妇的泪,用一个爱国诗人的笔,写下了一首首"风格高华,声韵沉咽"的诗词,韦冯遗响,如存人间。

1940年,她选出部分新诗,辑为《微波辞》,在重庆出版。其中几首,被作曲家谱曲,传唱一时。祖棻寄孙望诗中言及当年:"未称珊瑚入罗网,新辞一卷托《微波》。漫云心事无人会,早被巴渝谱作歌。"千帆在晚年回忆此事时亦写有"巴渝唱遍吴娘曲,应记阿婆初嫁时"之句。其中《别》一诗

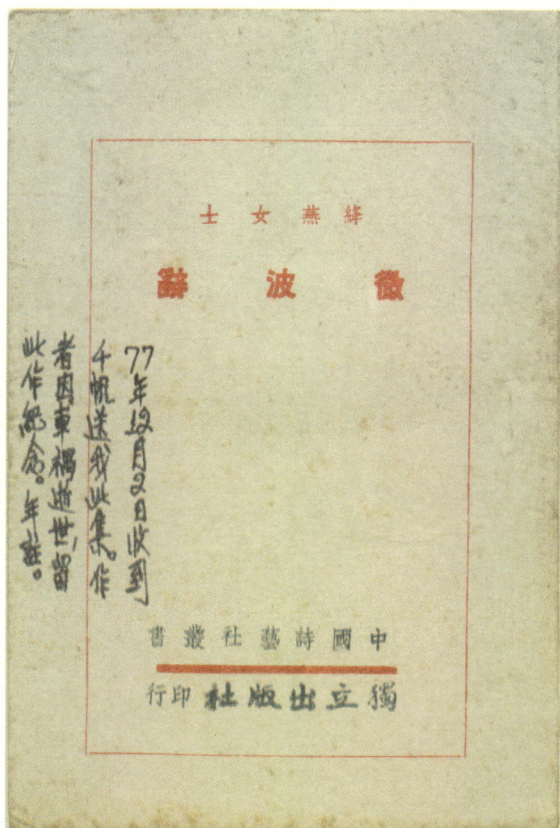

1940年在重庆出版的新诗集《微波辞》。祖棻辞世之后,千帆将此集送给《微波辞》序言的作者,著名的法文教授、翻译家徐仲年留念,徐特在封面上加以说明。不知何种原因,最终这本珍贵的诗集又回到千帆手中

祖棻 1946 年春天留影成都

千帆在成都期间留影

更是红遍大江南北。

祖棻一生留下五百一十六首词作,其中近四百首作于抗战时期。飘零辗转,相思迢递,眺望乡关,国仇家恨,词中处处缠绕着对半壁江山和危亡时事的忧患。

重庆一日多次的大轰炸、衡阳保卫战的血腥惨烈、后方官僚的花天酒地、流亡人的妻离子散……她的词作是对中国人民特别是大后方人民抗战苦难的真实记录,这也是《涉江词》能够长期被历史认可的重要原因之一。

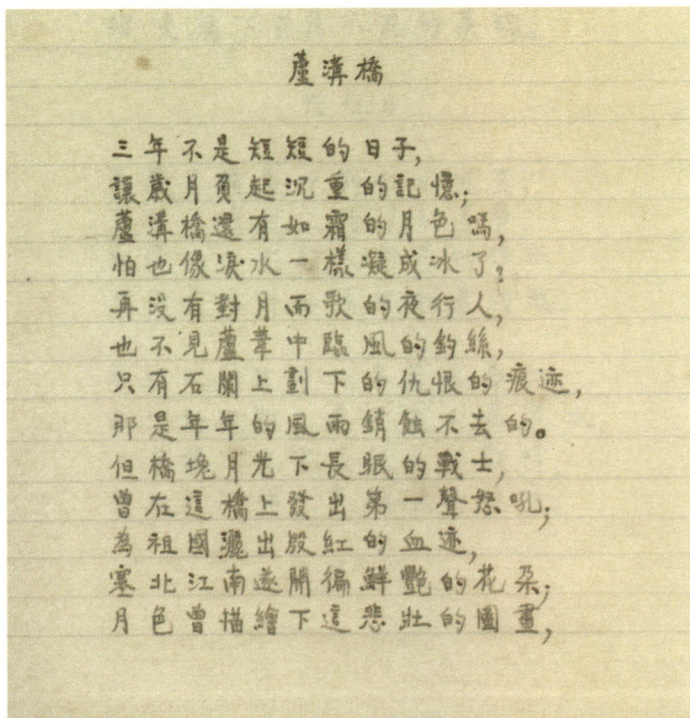

蘆溝橋

三年不是短短的日子,
讓歲月負起沉重的記憶;
蘆溝橋還有如霜的月色嗎,
怕也像淚水一樣凝成冰了;
再没有對月而歌的夜行人
也不見蘆葦中臨風的釣絲,
只有石欄上劃下的仇恨的痕迹,
那是年年的風雨銷蝕不去的。
但橋塊月光下長眠的戰士,
曾在這橋上發出第一聲怒吼;
為祖國濺出殷紅的血迹,
塞北江南遠開偏鮮艷的花朵;
月色曾描繪下這悲壯的圖畫,

祖棻《微波辞》手稿

祖棻在四川任教期间，教授诗选、词选、曲选及文学史，积极弘扬中华传统文化。1943年冬，与爱好诗词的同仁、学生组织了正声诗词社，每两周聚会一次，或讨论学生习作，或进行诗词唱和，并结集出版。

《正声》诗词刊共出版五期，每期五百本，除分送有关部门及亲友外，其余交与几家大书店代销，销量很好。此外还出有《风雨同声集》小册子一本。稿件由大家提供，经费由大

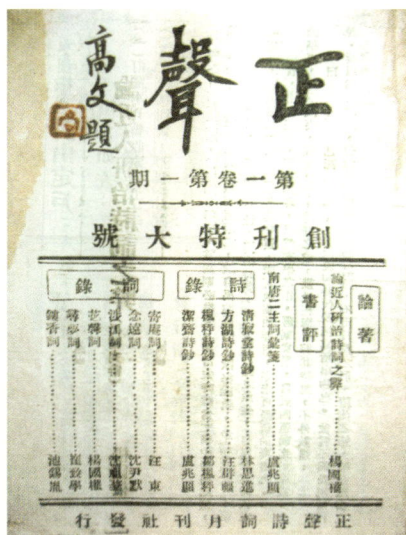

《正声》第一期封面与目录

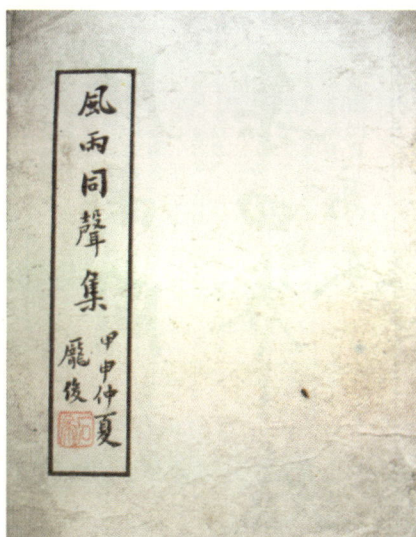

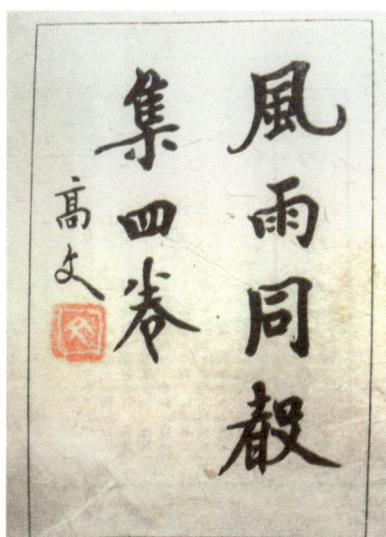

《风雨同声集》封面及扉页

正声诗词社成员合影。前排左起：导师刘君惠、川大教务长叶石荪、导师高文、沈祖棻，社员宋元宜及其小侄女。后排均为社员，左起：卢兆显、杨国权、刘彦邦、王文才、王淡芳、刘国武

家分摊。抗战后期，物价飞涨，民生凋敝，正常出版难以为继。又一度设法在《西南新闻报》双周副刊上登出《正声诗词》专栏，前后达四十多期。

章士钊曾有诗赞曰："大邦盈数合氤氲，门下门生尽有文。新得芙蓉开别派，同声风雨已堪闻。"又自注曰："沈祖棻为程氏妇，其门人已刊风雨同声集词稿"。

当年正声诗词社成员留下了唯一一张合影。拍照的时间在1945年秋冬之际的一次集会之后，可能是双十节，抗战胜利后的第一个国庆日。因诗词社的首批社员当时已相继毕业离校，故此照片只留下了部分师生的影像。诗词社的导师本是五位，其中陈孝章甚少参加集会，千帆此时则已离开成都赴乐山任教。叶石荪是千帆的好友，时任四川大学教务长，当天来看望祖棻，临时被邀参加集会并留影。

照片上的诸君无不才华横溢，导师满腹经纶，学生青春正茂。然大江东去，岁月无情，逝者如斯。现只有当年最年轻的社员之一，四川刘国武以九十余高龄硕果仅存。

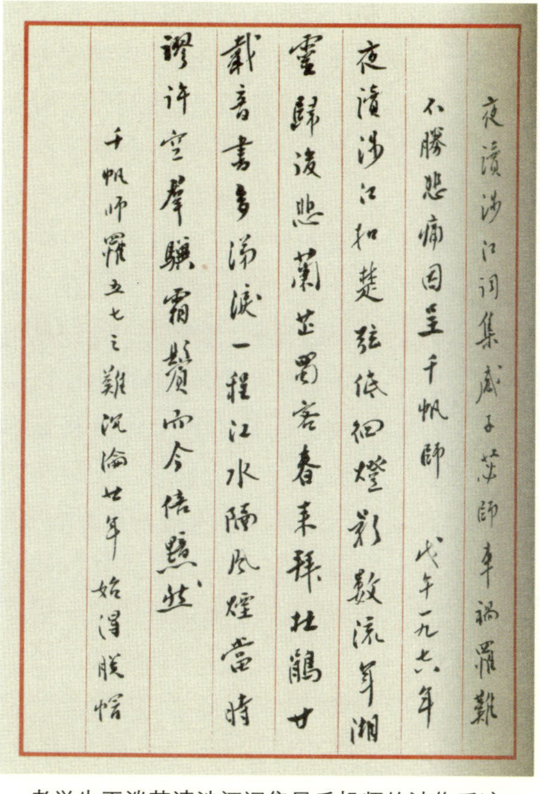

老学生王淡芳读涉江词集呈千帆师的诗作手迹

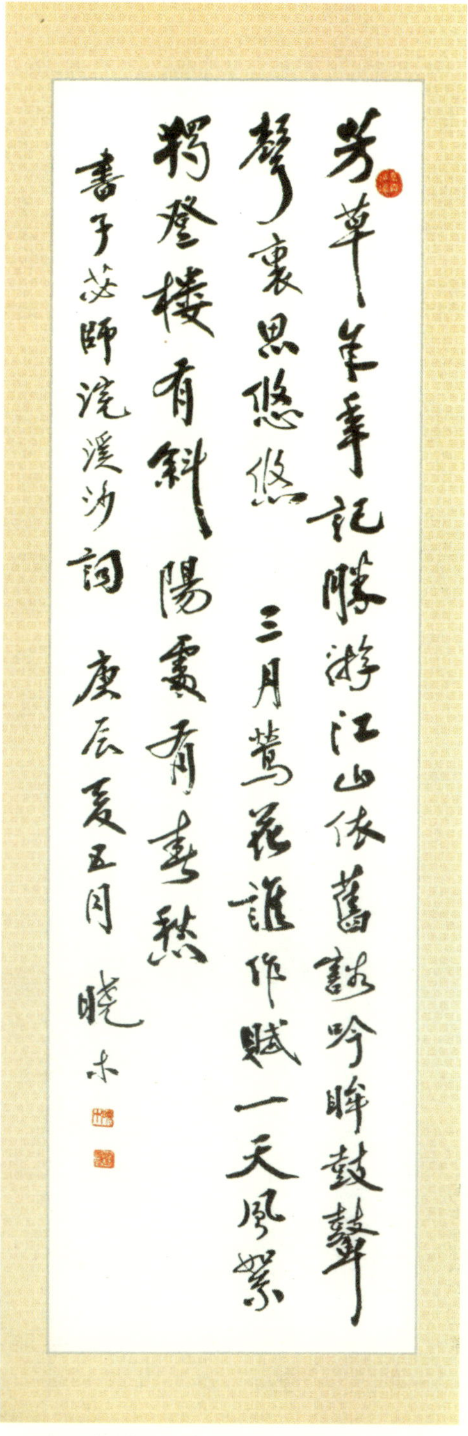

老学生刘国武抄录祖棻师词作的书法

8 廿载钦名德
天涯得比邻

刘永济(1887—1966),字弘度,湖南新宁县人。著名学者和诗人,对楚辞、《文心雕龙》及词学均有精深研究。曾长期担任武汉大学文学院院长。"文革"中被迫害致死。

刘先生年轻时曾向千帆的叔祖子大先生问学,与千帆家几代世交。作为长辈,他对千帆亦极关心,千帆两度去武汉大学任教,皆为刘先生所推荐,二人先后共事十多年。

1941 年秋,千帆夫妇与刘先生曾在乐山嘉乐门外的学地头结为邻居,同住在一个小山丘上。千帆夫妇与钱歌川一家住在山顶,刘先生住在山腰,近邻还有朱光潜及陈西莹、凌叔华夫妇等。山顶至刘先生家相距不过一百米,一条石级相连,小路旁有竹林翠影,山脚下有清溪浅流。每日清晨,刘先生昂扬顿挫的吟哦穿越晨曦、薄雾,仿佛金钟长鸣,日日警醒着年轻的学子,令千帆夫妇对学业不敢有丝

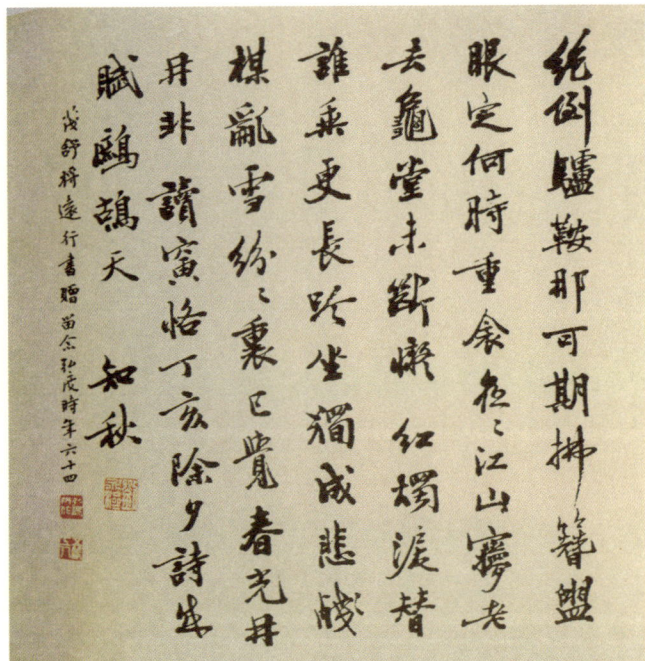

刘永济词作书法

毫懈怠。

国运维艰，生活清贫，学地头的乡村风光和琅琅书声带来了片刻的宁静，祖棻的词中留下了这样清新的描写："家住雪山西，转向斜桥过浅溪。山下瓜棚茅屋外，参差，一带牵牛短竹篱。重叠树成围，石径回环翠湿衣。更逐闲云峰顶去，休迷，吠犬当门不掩扉。"千帆亦有诗记录与弘度丈结邻一事："廿载钦名德，天涯得比邻。通家三世旧，吟鬓百年身。儒术诚何用，兵戈岂不仁。殷勤问乡信，同是未归人。"

抗战胜利后，武汉大学迁回武昌珞珈山。五十年代，千帆和刘先生都住在特二区教师宿舍，千帆家在前排，刘先生家在后排。两家来往很多，千帆夫妇经常前往请教。刘先生也不耻下问，常将自己的词作精楷抄送千帆夫妇征求意见，前后多达近百幅，可惜这些珍贵的文稿都在"文革"中毁于一旦。

"文革"开始，千帆一家被赶出特二区住宅，刘先生也在病中遭批斗含冤去世，不久刘夫人悬梁自尽，追随先生而去。

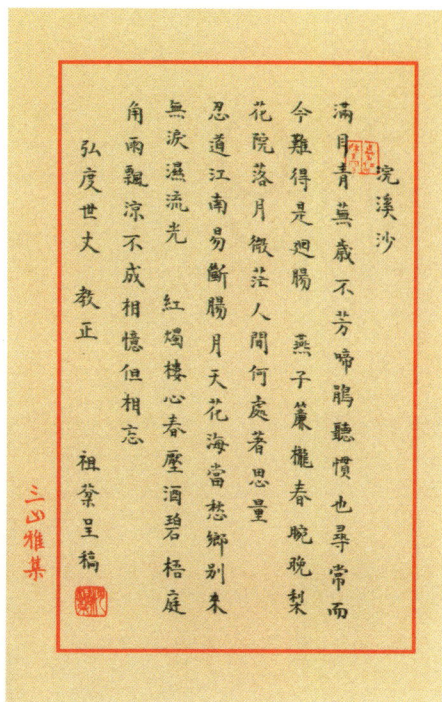

祖棻词作呈教
这些书信、词作，在刘先生逝世十多年后，由其女刘茂舒退回千帆保存

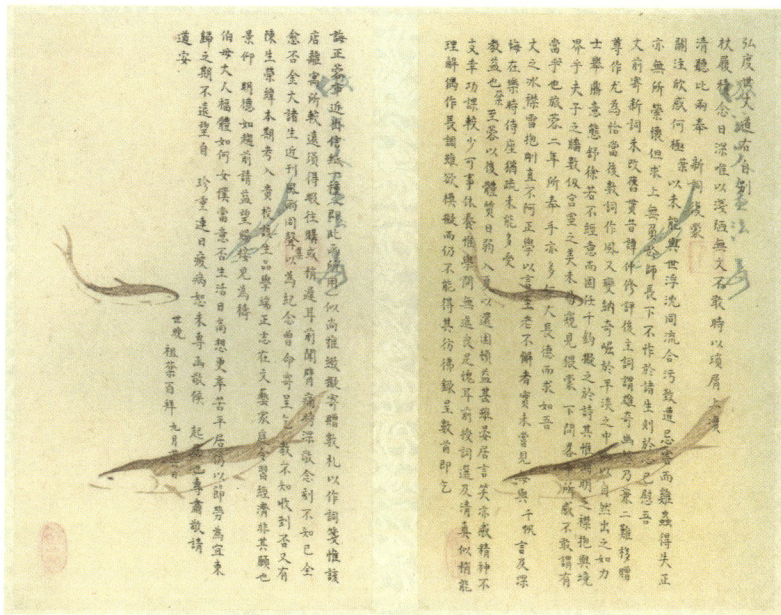

祖棻到成都后写给刘先生的信。信中所言"未能与世浮沉，同流合污，至遭忌害"，乃指当年成都金陵大学某些主事者，以平价与官价之差贪污教工食米，千帆、祖棻等愤而揭发，上书当局，反遭解聘一事

9 　诗人之赋丽以则

抗战胜利后，千帆夫妇随武汉大学从四川乐山搬回武昌珞珈山。

1947 年 12 月，千帆夫妇怀着无比兴奋和激动的心情，期待着婚后十年即将迎来第一个孩子的出生。

祖棻作为高龄产妇，武汉协和医院的高欣荣医生叮嘱一定要来大医院生产。不幸的是，当时交通极为不便，武昌、汉口尚有长江天堑阻隔，尤其珞珈山更远离市区。祖棻

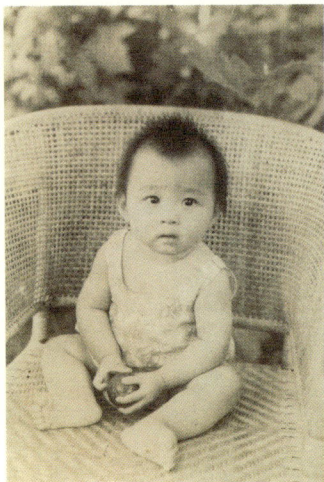

七个月的女儿程丽则

1948 年夏天，摄于武大东中区住宅前，一次十分难得随性表现的留影。左起：大妹妹程夕佳、祖棻抱着丽则、千帆抱着家中可爱的猫咪"乌云盖雪"

夜晚发作之时，无任何交通工具可用，无奈之下只得到武大附属医院，由一名姓陈的庸医接生，不仅剖腹，还将一块相当厚的手术纱布缝留在腹腔内，造成重大医疗事故。

一年以后，祖棻伤痛久不能愈，到上海求医，才幸遇医术精湛的裘法祖医生，得以准确判断，又先后动了五次大小手术，将已经在腹中磨烂了的纱布、线头陆续清除，坏死的肠子截除一尺多。九死得以一生，但从此留下了严重的肠粘连后遗症，一生与病痛相随行。

难产中降生的女儿成为千帆夫妇珍爱的唯一孩子，他们为她取名丽则，取自西汉扬雄的《法言》："诗人之赋丽以则"，意为美丽而有规则，为取到这么个好名字，夫妇两人着实高兴了许久。

丽则三岁半，摄于 1951 年 6 月 8 日，端午节前一日

1949 年 8 月，千帆抱着一岁八个月的女儿在武汉大学特二区家门口

10 盛世难逢　青春可再

江苏师范学院中国语文系第一届毕业班全体师生摄影 1953.8.

1953 年,苏州江苏师范学院中文系第一届毕业班师生合影
中排为任课教师:于满川(左三)、徐铭言(左五)、朱彤(左六)、廖序东(右六)、沈祖棻(右五)、沈祖棻
之女程丽则(右四)、张拱贵之子张东光(右三)、张拱贵(右二)

1949 年，千帆夫妇和全国人民一样，满怀喜悦迎来了气象万千的新中国。

在十多年的离乱和异乡生涯后，祖棻由诗人、学者吴奔星推荐，受江苏师范学院的聘请，回到了她自小熟悉，日思梦想的江南水乡苏州城。在新中国一片欣欣向荣的气象中重返教师岗位，她喜悦的心情可想而知。

在江苏师院的三年，祖棻工作严谨踏实，讲课生动活泼，不仅在教学上取得了优秀的成绩，而且结交了同事凌敬言、徐铭言、杨白桦和邻居陆钦轼等好友，常常在一起谈诗论文，吹笛唱曲。

后来中文系的同事们一同合并到南京师范学院，有的还成为邻居。彼此相处融洽，友谊深厚，祖棻的诗中经常会出现他们的身影。

逢周日，祖棻带着女儿不是到观前街看戏、听说书、看儿童电影，就是到堂兄沈楷亭或表妹梁明漪家中去玩，有时也和楷亭及他的一些文友到茶馆喝茶。春日则到无锡、扬州等地踏青。

每天傍晚，祖棻总是牵着女儿的小手，漫步在校园里，运河边，一路欢声笑语。寒暑假日，千帆多来苏州团聚，带着女儿游公园看电影，有一次还在大运河一侧的老城墙上挖得一株小小的薜荔，带回来

1953 年 5 月 10 日，母女合影于苏州米高梅照相馆

1953 年 12 月 10 日，女儿的生日留影

1955 年 1 月，丽则与大朋友——凌敬言的女儿凌萍萍的合影

栽种在窗下,精心呵护。

当时,丽则尚在幼儿园,祖棻同事凌敬言的女儿萍萍已在南京大学生物系读书,两家走动甚勤。萍萍大姐性情敦厚,不嫌丽则年幼无知,假期回来经常带她玩耍,多次合影留念。尽管凌先生、祖棻先后去世,但千帆重返金陵后,继续与凌家往来,丽则与萍萍更是延续着这份情谊,保持着六十年间彼此的问候。

这三年是一段十分快乐的时光,令祖棻母女在后来的日子里常常怀想。

1956年国庆,祖棻在南京观灯有感:

星月交辉,霓虹呈彩。明珠错落灯如海。倾城士女涌春潮,轻雷转处飞车盖。

盛世难逢,青春可再。廿年回首愁何在?良宵欢意溢秋空,不辞白发花重戴。

1953年9月13日,千帆一家人到上海探亲时的合影

另有《浪淘沙·题长江大桥》：

横渡大江中，愁水愁风。忽惊破浪夺神工。一道长虹飞两岸，桥影临空。
形胜古今同，三镇当冲。莫凭往事吊遗踪。平却向来天堑险，多少英雄。

词为心声，这正是他们以及广大知识分子当时心情的真实写照。

千帆不仅在教学、科研上更加奋发，同时也努力学习马克思主义理论，积极参加社会活动。担任过武大中文系主任，及武汉市文联、文代会、九三学社里的一定职务，1955年3月6日，他与唐长儒等九位高级知识分子出席了九三学社中央直属武汉小组的成立大会。他还多次上北京开会，到外地参观，曾受到过国家领导人毛泽东、刘少奇、周恩来等接见。参加过土改工作队、中国人民志愿军慰问团赴朝慰问等。

作为女儿，最高兴的是爸爸托同去北京开会的友人带到苏州的礼物。有过满满一藤篮食品，北京的茯苓饼、萨其马、水晶山楂糕、琥珀核桃等等。另外千帆还给女儿买过织锦小包、檀香扇、琉璃小动物以及骨制项链等北京工艺品，这些情感上珍贵的纪念品至今仍被丽则所珍藏。

1955年2月8日，千帆父女苏州合影

11 飘零旧迹落谁边

到武汉大学几年后，千帆夫妇由原来的东中区搬到特二区24号。1956年秋，祖棻调回武汉大学，不久千帆的父母携三个妹妹也搬了过来，八口之家在那里一直住到1966年。

那是一排两层楼的房子，住有十二户人家，每家有上下四间房间，一座小天井和厨房、厕所。住的都是武大的教授。门前有株株的桃树和圈圈的冬青，春天里抬眼望去，一排桃树鲜花盛开，仿佛一抹晚霞映红了天空。

丽则在1997年写过一篇散文《白云黄鹤是故乡》，其中有这样一段："难忘珞珈山春风漫漫，家门前有一树桃花灿烂，花

1958年春节，千帆的大妹妹即将远嫁东北，家人在武汉长江大桥下合影。左起：千帆的大妹程夕佳、继母洪瑛、小妹程小佳、女儿程丽则、二妹程晴佳、父亲程穆庵。当时，祖棻生病住院，千帆亦未同行

下的足印从童年渐渐长大。1966年的春天，犹如神灵的暗示，我和妈妈下了决心，去照相馆请来摄影师，为我们母女留下了唯一的花下合影，不久全家人就被迫离开了那栋熟悉的老房子。"祖棻当年亦有诗云：

人影花光春正妍，飘零旧迹落谁边？
喜看娇女红颜好，不向东风叹逝川。

不将人面比花妍，初试工装色泽鲜。
好把拈针挥翰手，铸成铁柱柱新天。

1966年3月25日，母女合影于武大特二区24号家门口。当时丽则正在华中师院第二附中的中专班就读，故诗中有"初试工装"句

诗有小序曰："丙午春，珞珈山寓庐碧桃盛开，辄与丽儿留影其下。因忆昔尝于白门明孝陵梅花下摄影一帧，乱中失去，今三十年矣，感赋小诗。"

小序及前诗中"飘零旧迹落谁边"的遗憾，没想到在"感赋小诗"的四十多年之后，这幅人面桃花的旧照又重现江湖，原来它一直静静地珍藏在老同学孙望先生的毕业纪念册里。当丽则在孙望的女儿孙原靖处，偶然之中目睹旧物时，真不胜唏嘘，斯人早已仙去，连千帆也辞世十年了。

2006年3月，丽则到武汉探亲访友，专程到武大特二区看望故居。自举家搬离，四十年矣，人事皆非。老房子早已破败不堪，正面临拆除，尚有少数人员居住，没想到24号里就有人，丽则前去探访，更没想到，里面居住的竟是武大中文系老熟人苏者聪老师的儿子一家。承其儿媳接待，丽则进到屋内小坐，回首尘尘，何其不堪。

武汉大学二区教工宿舍包括老二区两幢，特二区两幢，新二区四幢，基本是教授住宅区域，因此那一带也是武大的一个主要的"商业区"。有菜场、食品店、杂货铺、油条烧饼店，还有银行、书店、邮局，以及理发店、食堂、缝纫组、车队。随着改革开放的进程，均已不复存在了。

当年云集这片住宅区的主人中，有许多是满腹经纶、学富五车的旧学士，有许多是怀着赤子之心归来的洋博士，有许多在各自的研究领域中翘楚一方，还有许多在一个短短的夏季之后，就为自己的天真和热情付出了沉重的代价。如今，他们和那些老建筑一样渐渐消失了。可是，就是因为他们的曾经存在，草木葱茏的珞珈山才如此厚重又如此耀眼。

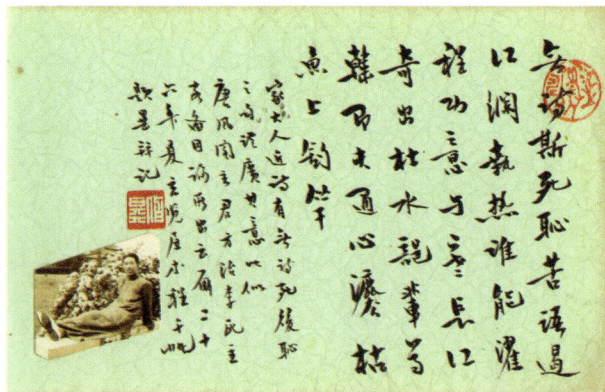

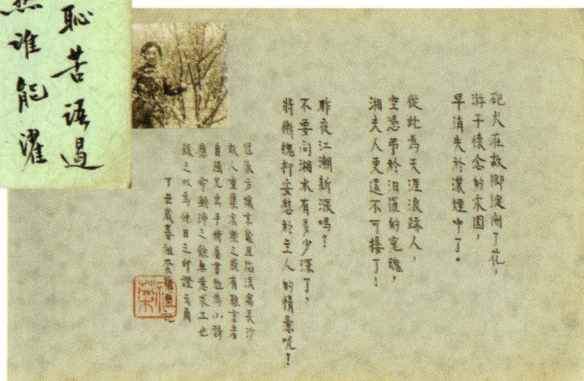

千帆夫妇当年分别为孙望毕业纪念册的题赠。千帆题赠时间为 1937 年夏,正是孙望毕业之时,祖棻题赠时间是 1937 年岁末,则已是逃难途中流落长沙期间了,难怪会留下"乱中失去"的记忆

此即"昔尝于白门明孝陵梅花下摄影一帧"失而复得

故居面临拆除,第二个门就是特二区 24 号的后门

2006 年 3 月,当年"商业区"中硕果仅存的武大老邮局
千帆夫妇一生中大量的书信、诗词、文稿都是从这里发往各地的。
2011 年 4 月,丽则再度到武大时,老邮局也终于消失在一片废墟之中
了

左边前后两幢为老二区,
右边前后两幢为特二区,房子
之间的巷道与空间是丽则与小
朋友们上学、玩耍的必经之处

反右之后,千帆失去工作的权利。1958 年 5 月,在发配湖北蕲春劳动前夕,与女儿合影。父亲心事重重,不舍依依,女儿却懵懵懂懂,依然欢喜

1963 年 8 月,全家合影

解放以来,知识分子经历了忠诚老实、自我教育、思想改造、批判胡风、整风学习、拔白旗等等许多他们基本不能理解的运动,但是他们始终努力紧跟,不断调整自己,直到 1957 年的狠狠一击,终于让他们明白了应该如何学会生存。

1957 年的阴影不曾散去,十年后又袭来"文化大革命"的暴风骤雨。

1966 年夏末,千帆一家被赶到珞珈山荒凉一隅,邻近小渔村,紧依山角,面临东湖。虽然风光无限,但交通不便,采买困难。开始甚至没有自来水,要到湖边汲水、洗衣。住所更是不仅简陋而且十分潮湿,常有蜈蚣、老鼠横行,正如祖棻诗中所述:"挑水晨炊饭,临湖晓浣衣"、"青蝇飞蔽碗,雄虺卧当门"。

新家离学校中心很远,祖棻经常要到学校参加学习或开会,单程需走四五十分钟,有时开完大会回来都已夜深。搬家初期,道路不熟,又没有路灯,一次在风狂雨大之中,祖棻竟迷路了,多走了许多路,才转回家来。此事有诗为证:

忆昔移居日,山空少四邻。道途绝灯火,蛇蝮伏荆榛。
昏夜寂如死,暗林疑有人。中宵归路远,只影往来频。

新居途未熟，微径记朦胧。衣湿倾盆雨，伞飞卷地风。
惊雷山亦震，横潦路难通。举首知家近，残灯一点红。

当时物资匮乏，供应紧张，凡事凭票，生活困难，有钱也买不到东西。祖棻又有诗记录："早市争喧肩背摩，新蔬侵晓已无多。旗亭索脍纵横队，山路舆薪上下坡。"花半个小时走到菜场，空手而归不足为怪，想吃稍好一点的豆沙包，要乘公交车起点到终点再换轮渡过长江，两头走许多路，费时两小时方能到达汉口冠生园购得。过春节，鱼、肉、蛋、豆制品、黑木耳、金针菜、白糖、酱油均需凭票排长队购买，早出午归，也只买得两三样回来。

1972 年 9 月，丽则婚后家人合影

1975 年 3 月 17 日，全家携外孙女早早摄于武汉东湖风景区

更有屋后山上的劣质大水管时而爆裂，顷刻之间大水从后面厨房门冲入，经房间又从前门冲出，家中顿成泽国一片。附近渔村的顽劣儿童经常捣乱，飞石剪绳，砸门敲窗，让人无法安宁。

几年后，千帆的小妹妹出嫁，继母去世。千帆长期在武大沙洋分校劳动，女儿在郊区工厂回家不便，祖棻许多时候都是在困苦、病痛、寂寞、无奈中独处。无论

生活如何艰难,日子总会一天天过去,祖棻常常这样鼓励女儿也鼓励自己。

1972年,女儿丽则结婚,两年后,外孙女早早出世,"生辰梅正开,学名唤春晓",可爱小生命的诞生给祖棻寂寞孤苦的生活带来了希望和喜悦。

每逢女儿的休假日,她总在门前路口引颈翘首,盼望着孩子们的归来。清晨的阳光中,黄昏的晚霞里,她常常推着坐在童车里的外孙女漫步在湖堤:

细雨轻寒春事微,野桃未放绿阴肥。
娇婴忽地惊呼起,笑指堤边胡蝶飞。

娇婴共傍长桥立,渺渺云烟入画图。
双眼未经沧海阔,便将大水唤东湖。

1976年12月2日,孙望之子孙原安的同事出差武汉,受托前来探望,并为全家人摄影于武大九区住宅附近的东湖堤上小石桥

12 | 历尽新婚垂老别

1976 年春,千帆奉命退休,数月后获准回家与妻女团圆,祖棻亦于一年前退休。

1976 年秋天,"四人帮"的垮台,使许多人特别是知识分子心中重新燃起希望之火。应昔日江东众老友的邀请,1977 年暮春,千帆夫妇欣然买舟东下,访亲探友。

千帆自 1957 年错划右派以来,匆匆已二十载,不曾有过自由远行的机会,祖棻那颗诗人的心灵,更是在十年"文革"中饱受思念江南故乡及远方亲友的磨难。一朝亲朋老友相聚,其中有多少不堪回首的伤心往事,更充满劫后重逢的无比喜悦。

老友章黄荪系祖棻旧日在金陵大学研究班的同学,当时为上海师范大学中文系教授。他为人

1977 年 5 月,千帆夫妇看望老友凌敬言之女凌萍萍一家。左起:凌萍萍之女谢翀、沈祖棻、早早、凌萍萍

1977年6月，千帆夫妇与早早在上海

极其热情豪爽，新形势下好心情，他率先提出倡议，力邀散居各地的老友们东下一聚，畅诉久别之情，并作来新诗盛情相邀。祖棻积极响应答曰：

新诗邀旧侣，佳约屡商量。
山左花将发，江南草正芳。
何妨垂老日，重理少年狂。
共醉莺啼处，繁香覆酒觞。

同时，祖棻给远居四川的萧印唐、刘君惠，哈尔滨的游寿，济南的殷孟伦，开封的高文等诸多老友多次写信寄诗，表达了"未死尚期谋一面，平生此愿已千秋"的强烈心愿。然而许多现在看来很容易办到的事，当时却有着种种障碍，最终，散居各地的老友们还是没能如愿齐聚金陵。

1977年6月，千帆夫妇与老友章荑荪（左）相会于上海

此番东游南京、上海,自 4 月 25 日中午乘东方红 11 号轮离开汉口,27 日下午抵达南京,孙望来接,历时两月。且带上活泼可爱的外孙女早早,所到各处,与亲友久别重逢,看祖国大地百废待兴,人民群众神清气爽,夫妇二人心中自是十分欣然。

老友劫后重逢,不可无酒无诗,祖棻作《丁巳暮春,携千帆重游金陵,呈诸故人十八首》,诗中有曰:

> 霜白侵衰鬓,春红上醉颜。
> 何须论仕隐,盛世暂偷闲。

> 明月愁千里,垂杨恨万丝。
> 加餐爱光景,共乐太平时。

千帆亦有诗云:

> 少年歌哭相携地,此次重来似隔生。
> 零落万端遗数老,殷勤一握有余惊。

从中可以看出他们在形势巨变中的心有余悸,以及对未来充满了期望。

1937 年 9 月 1 日,千帆与祖棻在屯溪避难时结婚,半年后辗转四川各地,直至抗战胜利。在四川时,千帆因谋生四处奔波,祖棻多病不便随行。

解放后,祖棻一度离开武汉,到苏州、南京任教四年。1957 年后,千帆更是长期在远离武汉的蕲春、沙洋等地的农场、干校劳动,直至 1976 年方奉命退休得以回家团聚。

1977 年 6 月 27 日,祖棻却在自上海返回后的归家途中不幸因车祸去世。

千帆和祖棻结婚四十年,琴瑟和谐,尤以文章知己难得。但因为战乱、失业、政治等诸多原因,一直是聚少离多,正如祖棻诗中所言:

> 历尽新婚垂老别,未成白首碧山期。
> 文章知己虽堪许,患难夫妻自可悲。

祖棻离世一年后,千帆回首往事,不觉潸然泪下,怆然成咏:

1977 年 6 月 23 日在上海留下的最后一张合影。距离二人 1936 年春在南京玄武湖第一次合影，1937 年流亡屯溪结婚，正是四十年患难与共

衾凤钗鸾尚宛然，眼波鬓浪久成烟。文章知己千秋愿，患难夫妻四十年。

哀窈窕，忆缠绵。几番幽梦续欢缘。相思已是无肠断，夜夜青山响杜鹃。

千帆夫妇之间的感情，在某种程度上已经完全超越了单纯的夫妻关系、家庭伦理。他们从事共同的教学、研究，他们几十年以诗词为心声，相互唱和。他们不仅是夫妻，还是同学、同事、良友，更是惺惺相惜的文章知己。千帆对于祖棻的才气、人品由衷地欣赏钦佩，如他所说：痛惜和怀念祖棻，不独私情耳。

放眼茫茫人海，又有几人能成这样的缘分？

同一天，千帆、祖棻、早早及祖棻的侄孙沈照合影

13 流水征篷四十年
又向金陵作道场

1978年6月，武大九区家隔壁的东湖
铁路疗养院大门口。四川老学生李国瑜出
峡过武昌探望千帆师,并为之摄影

1978年8月，七个月的外孙女小燕随父母帮外公搬家，第一次来到南京城

自1957年，千帆被错划为右派分子至1975年摘帽，一顶让人失去工作、失去言论及行动自由的沉重的"大帽子"戴了整整一十八年。仅官方统计，全国划为右派分子的人数就多达五十五万之众，受牵连的亲友更加难以统计。没有经历过的人是不可以轻言"感同身受"的，"因言获罪"对于今天活跃在网络上天马行空的年轻人来说，恐怕是匪夷所思。

1976年，千帆摘帽不久，即奉命退休，归属街道领取退休金。可是，满腹的学问，难道就此丢弃？千帆决不甘心，在东湖边的陋屋里，他又拿起笔，整理在放牛劳动之暇所构思的论文。为了勉励自己，他特别在书桌上方的墙壁上，挂上了手书横幅："一寸光阴一寸金，寸金难买寸光阴。移山犹励愚公志，伏枥难忘烈士心。"

1977年，一场车祸又一次重创了这个多难的家庭，千帆遭受了心灵的巨创和身体的伤痛。一个月后，他的右臂骨裂初愈，刚刚取下石膏，就在武汉难当的酷暑中拿起笔，开始抄写整理祖棻的遗著。在珞珈山下那间简陋潮湿的平房里，无论冬夏日夜伏案，费时一年之久，将祖棻的《涉江诗词》、《宋词赏析》、《唐人七绝诗浅释》等整理完成。

千帆在1977年12月29日给学生杨翊强的信中谈道："我的工作很忙，简直多年来没这样忙过。又恢复到57年以前，每天没有三千字不下书桌了。一以忘忧，二以赎罪，三以比武。"

千帆是有远见的，他抓紧时间完成祖棻的遗稿整理，因为在打倒"四人帮"的曙光中，他隐隐意识到科学的春天将至，今后的时间只怕是不够用了。

千帆夫妇在武大后二十年的遭遇，以及奉命退休归于街道管理的现状，引起他们的同窗好友殷孟伦、徐复、洪诚、孙望等人的愤慨和关注。南京大学语言学专家洪诚向南京大学校长匡亚明举荐，千帆获得了母校的诚恳聘请。受聘的还有同样历尽磨难的外国文学专家张月超。

1978 年秋,千帆回到母校重执教鞭,时光已浪费了近二十年。当时还有芜湖师范学院等其他几所大学的朋友热情相邀,面对选择和今后的工作思考,千帆给老学生张实的信中写道:"会昌忧患残年,以此间主者之邀,聊厕讲席。而旧学荒落,典册飘零,空腹高谈,实愧礼遇。幸秣陵乃少年歌哭之地,山川云物足以怡情。或可老死于此耳。"

千帆毫不犹豫地选择了母校,选择了加倍努力工作,要争分夺秒抢回十八年的损失。正如他与分别四十余年的老友、画家卢鸿基教授重逢时,悲欢交索的表达:"相逢一笑头颅在,又向金陵作道场。"

1978 年 9 月,昔日老友汪越陪游南京长江大桥。左起:汪越(汪辟疆先生长子)、张月超、程千帆

1979 年秋,千帆于南大宿舍

1980年6月，二人留影于济南趵突泉

1985年3月，南京梅花山踏青

为了更好地工作和生活，集中精力来报效祖国，回报南大，千帆决定和老同学陶芸再婚，建立一个稳定的家庭。

陶芸（1914—2004）当年与千帆同届，是金陵大学政治系学生，辅修外文。为人善良温和，读书时成绩优秀，活跃能干，也是"春风文艺社"的积极参与者。年轻人热情开朗，以文会友，彼此都留下了美好的印象。

千帆在金大读书期间，才华横溢引人注目。陶芸一直记得关于他的一件趣事：在一堂全校学生选修的生物大课上，讲到人类进化现象时，老师说："动物的耳朵可以动，我们人类就丧失了这一功能……"岂料，千帆立即站了起来，报告老师，自己的耳朵就可以动，一边说一边调皮地动起了耳朵，引起哄堂大笑，同学间自然留下一段趣谈。

抗战期间在四川，他们之间也偶有联系，陶芸有一次带着孩子乘船路过乐山，专程去看望了千帆夫妇。特别是饱经颠沛流离，初来乍到陌生的重庆城，彷徨和孤苦笼罩在每一个流亡者的心头。当时，陶芸的丈夫和千帆同在边远的西康建设厅供职，她一人在重庆外交部工作，每逢休息日就去祖棻临时租住的小屋玩耍，也会在那里吃饭。由于经济窘迫，祖棻常会为此向邻人借钱添菜，但又坚决不肯收取饭金。祖荣宁可克己也坚持待客之道给陶芸留下深刻印象，到晚年，她还常常提起此事，感慨良多。

陶芸的丈夫苏恕诚也是金大同学，"春风文艺社"、"土星笔会"的参与者。毕业后，他选择了从政，抗战胜利后，在国民党南京市党部任职，解放之时，辗转到了台湾。

1997 年秋冬之际，在南大北大楼前缅怀母校昔日时光

解放后，陶芸一直在南京任中学外语教师，一段时间还教授过语文课程。因受政治牵连，她历尽精神和生活的磨难，一人带大了三个孩子。

千帆重到南京，与陶芸取得了联系，昔日的同学之情，各自的不幸遭遇，类似的家庭环境，共同的教师生涯，相近的兴趣话题，使他们得以共同度过了后二十年愉快和谐的家庭生活。

二十年的时间里，陶芸悉心照料千帆的饮食起居，帮他誊抄、校对资料文稿，关心儿孙，关心学生，赢得了大家一致的赞美和尊重。

工作之余，他们漫步南大校园，相携相扶伴光阴流逝，成为了许多南大人心中难以抹去的一道风景。

双方子女也和睦相处，孝敬老人，成为一个令人羡慕的重组大家庭。

1998 年夏天，千帆为客挥毫，老妻陶芸牵纸

14 新知旧学共论量

千帆留影阿诗玛石下

科学的春天携来了和煦的春风、滋润的春雨,冰雪消融,寒蝉解喋,广大知识分子的心灵渐渐复苏了。

离开了学术界二十年,1979 年春,千帆又一次到昆明参加中国古代文学理论会议,新知旧雨共聚一堂,劫后重生,喜不自胜。

在这个会议上,遵循"总结、探索、突破、前进"的八字方针,大家思想解放,畅所欲言,谈诗论文,气氛热烈。查看千帆的日记得知,会期长达十二天,其中游览参观只占三天时间,有时晚上还继续讨论,老一辈人的工作热情真令今人难以望其项背。

当时千帆感慨赋诗:"赋陆评钟聚一堂,新知旧学共论量。鲰生亦有挥鞭意,未觉萧萧白发长。"

会上成立了中国古代文学理论学会,通过选举,郭绍虞先生当选为会长,千帆等二十三位专家当选为理事,并与吴组缃、杨明照、王文生、张文勋、吴文治、敏泽共七人任常务理事。在当时,这是拨乱反正后全国成立最早的学会,因此得到了云南省政府的重视,省长、省委书记都出面宴请,与代表合影。三十多年过去,更能看清学会对中国古代文论事业的推进,起了相当重要的作用。

开会余暇,众人结伴到路南石林游览,在阿诗玛的故乡留下了舒心的笑容。

1979年4月3日，与会者游览大小石林。左起：彭安湘、殷光熹、程千帆、吴组缃、张文勋

千帆亦有《题石林》："不负当年缱绻心，苔衣犹染泪痕深。钟情万古阿诗玛，永葆青春住石林。"

时隔三十年，许多当年参加会议的学者都相继离开了人世，可是这个在改革开放之初就成立的学术界学会意义尤其深远，它标志着学术研究从此进入正常轨道。学会成立三十年之际，云南大学中文系将那次会议的花絮编成一个册子，把大家游览石林、西山的照片合影以及各位学者即席赋诗的手迹收集在一起，作为遥远的纪念。千帆虽然已经故去，但他的女儿丽则承蒙张文勋先生相赠并保存了这份珍贵的纪念册。

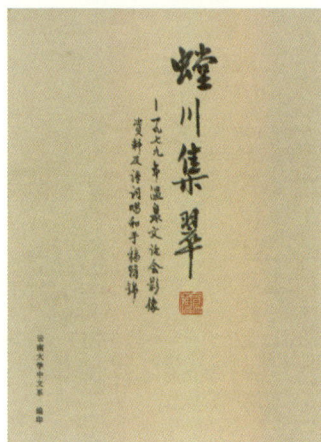

2009年，学会成立三十周年，云南大学中文系所编纪念册

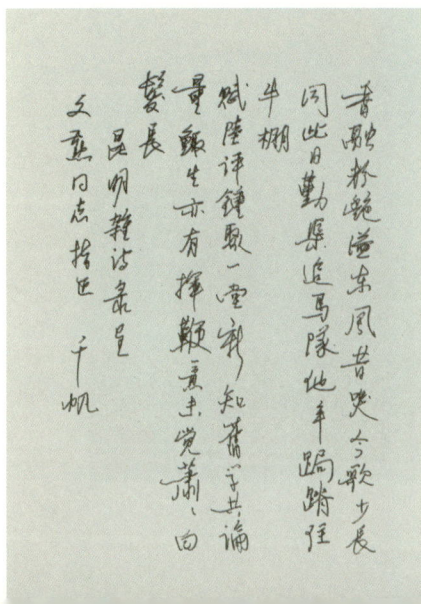

千帆当年在会上与友人唱和诗篇手稿

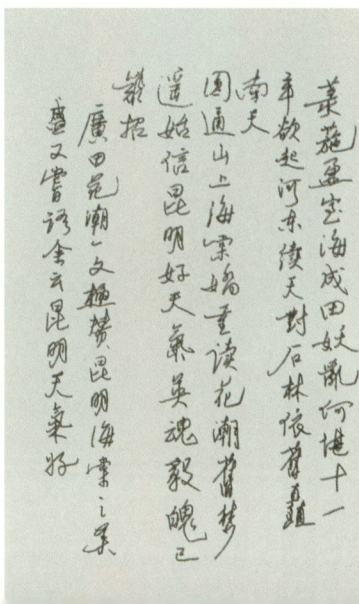

1981 年 7 月，山东人民出版社邀请国内古代文学专家去青岛开座谈会，研究编写中国历代著名文学家评传。

参加者均为有关高校及出版社的专家、学者，有季镇淮、徐中玉、周振甫、吴文治、陈贻焮、廖仲安、曹道衡和程千帆等。

开会之暇徜徉海滨

与老友徐中玉(左)的合影

与周勋初(左)参观陕西省博物馆

1982年3月下旬,千帆受陕西师范大学邀请,到西安参加霍松林教授主持召开的唐代文学讨论会。自1984年至1992年,千帆连任了八年唐代文学学会会长。

西安乃古都,名迹甚多,尤以唐代遗迹最为丰富,如大雁塔、小雁塔、骊山、华清池、昭陵、乾陵等,陕西省博物馆更藏有大量珍贵文物。千帆在唐诗研究方面很有成就,对于唐代西安的历史风情、名胜古迹亦熟于心,今日得以亲眼目睹,收获颇丰。正是:"骊宫已烬曲池堙,七十西征到渭滨。初践少陵眠食地,峭风稀柳不胜春。"

特别是登临大雁塔,体会当年岑参、高适、薛据的诗人情怀,想象"下窥指高鸟,俯听闻惊风"、"五陵北原上,万古青濛濛"的场景,千帆更觉欣然,诗曰:"达夫清壮岑奇峭,杜老沉雄意更哀。拾级便应登雁塔,终南晴翠扑眉来。"

与金启华(右)在乾陵合影

和古代大鸟亲近一下

中国古代文学方面的专家们在钟山饭店前合影
前排左起:北京大学冯钟芸、华东师范大学施蛰存、东北师范大学杨公骥、南京大学程千帆、复旦大学王运熙、武汉大学胡国瑞;后排:山东大学董治安(左一)、北京师范大学聂石樵(左二)、南京师范大学孙望(右一)等

1977 年起,各高校先后招收硕士研究生。但由于这一工作已停顿十年,各种规章制度不全,导致导师们无章可循,各行其是。因此教育部于 1982 年 5 月底,在南京中山陵钟山饭店召开了研究生培养方案会议,邀请了全国主要高校主要专业的专家们参加。

1982 年 5 月,为顺应国家改革开放的形势,国家教委季啸风司长在南京主持召开中国留学生教材编写会议,千帆参与了这个会议。会议做了初步规划,并决定于 9 月份移往厦门大学继续进行。

9 月,千帆去厦门参加教材编写会议一周,接受了主编古代文学作品选《古代文学英华》的任务。

随后又接受厦门大学教授周祖譔的聘请,主持其硕士研究生的答辩会。会后周祖譔等厦大老师陪同千帆参观校园。

1986 年 7 月,国家教委在吉林市主持召开首届文科科研规划会议,千帆荣任中国语言文学学科组组长。会议之余,学科组专家们游览松花湖并合影留念。

在厦大校园鲁迅纪念馆前留影。左起:陈尽忠、周祖譔、程千帆、黄祖良、石文英

松花湖上。前排左起:北京大学陈志尚、华东师大钱谷融、南京大学程千帆、陕西师大霍松林、复旦大学蒋孔阳。后排为教委高教一司及吉林大学的工作人员,其中左一为千帆的研究生张辉,当时正在教委见习,随后即分往教委工作

黄侃（季刚）先生逝世五十周年、诞辰一百周年纪念会，经过多方努力郑重筹备，于 1985 年 10 月中下旬相继在武汉大学和南京大学两地举行。

千帆由成都经重庆到武汉参加纪念会，同时接受湖北大学与武汉大学邀请，分别为两校中文系研究生讲课。

武汉的纪念会结束后，千帆随即返回南京，10 月 20 日至 25 日继续参加在南京大学举行的纪念会议。

10 月 12 日，千帆夫妇在周勃及张三夕等陪同下游览重新修建的武汉黄鹤楼

千帆（前排左四）在南京的黄侃纪念会上发言

陪同与会者游览南京玄武湖。左
起：张舜徽、程千帆、黄典诚、于安澜

陪同与会者游览南京中华门。左
起：鲁国尧、周祖谟、鲍明炜、程千帆

1986年4月,千帆赴洛阳,主持第三届全国
唐代文学年会。会后到郑州黄河游览区游览。由
洛阳去郑州途经诗圣杜甫之墓,遂往参谒。

千帆研究杜诗精深独到,对伟大诗人杜甫
十分崇敬。1936年春天,还是大四学生的他,学
写的第一篇文学论文,也是毕业论文,就是《少
陵先生文心论》,自此,他对杜诗的研究可谓终
身不渝。"文革"中,郭沫若为形势所
需,曾发表《李白与杜甫》一书,违背
史实,扬李抑杜,一时批杜风起。千帆
其时虽不得言论自由,但私下里表示
出极大的愤慨。那种悲愤心情说是
"如丧考妣"亦不为过,给女儿丽则留
下了深刻印象。

此行一了千帆夙愿,并赋诗云:
"愤怒出诗人,忠义见诗胆。以诗为春
秋,褒贬无不敢。诗圣作诗史,江河万
古流。兹丘封马鬣,永与天同休。"

杜甫墓前留影

千帆(左二)及与会者参观白居易墓园

1992年11月,
在厦门召开中国第六
届唐代文学年会暨国
际学术研讨会。左起:
姚继舜、蒋寅、张宏
生、程千帆、陶芸、周
勋初、莫砺锋、周宁

　　1992年5月25日,第三次全国古籍整理出版规划会议在北京香山饭店召开,国家领导人及全国学者参加者百余人。许多长年未见的老友得以重逢,亲切交谈,极为愉快。

　　其中,邓广铭先生在四十年代与千帆就有交往,当时千帆在武汉大学教授《史通》课程,同时编写《史通笺记》,有一些材料很难查到,千帆就委托武大同事金克木通过邓广铭在北大图书馆寻找。邓其时为北大校长胡适的秘书,他不仅热心帮助找书,而且还布置手下人抄好寄来,给了千帆很大帮助,此事令千帆一直铭记在心。

与余冠英(左)、詹锳(中)合影

愉快交谈。左起:程千帆、袁行霈、邓广铭、张璋

1995 年 11 月 14 日至 17 日，南京大学主办的魏晋南北朝文学国际学术讨论会在知行楼举行。出席的代表共四十五人，来自日本、美国、瑞典、加拿大、韩国、中国的港澳台地区和大陆。代表们共交了四十八篇论文，大会组织了分场宣读和讨论，气氛极为热烈。

千帆在会上作了题为"关于魏晋南北朝文学研究的一点想法"的特别演讲。

为了纪念魏晋南北朝文学国际学术讨论会，南大教授周勋初特约扬州著名青年金石家张汉怡为代表们各治一枚名章，钤之长卷，以当题名录。

千帆有一方常用的砚台，跟随了他几十年。晚年作一铭云："闲堂先生之砚，穷愁著书以自见。"盖其平生所著书，皆用毛笔，老而体弱，始以钢笔代文。请扬州张汉怡为刻此铭，虽已不用，亦存往迹也。

千帆在会上演讲

会下与北京大学袁行霈(左)交流

千帆存砚铭文

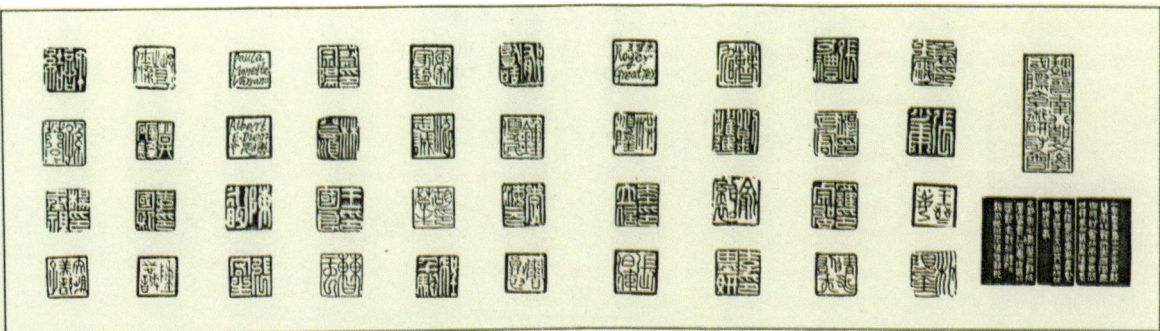

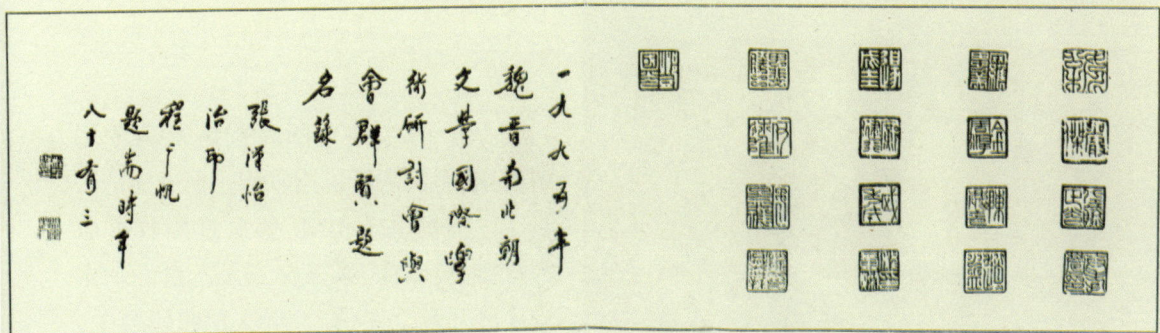

题名录卷首

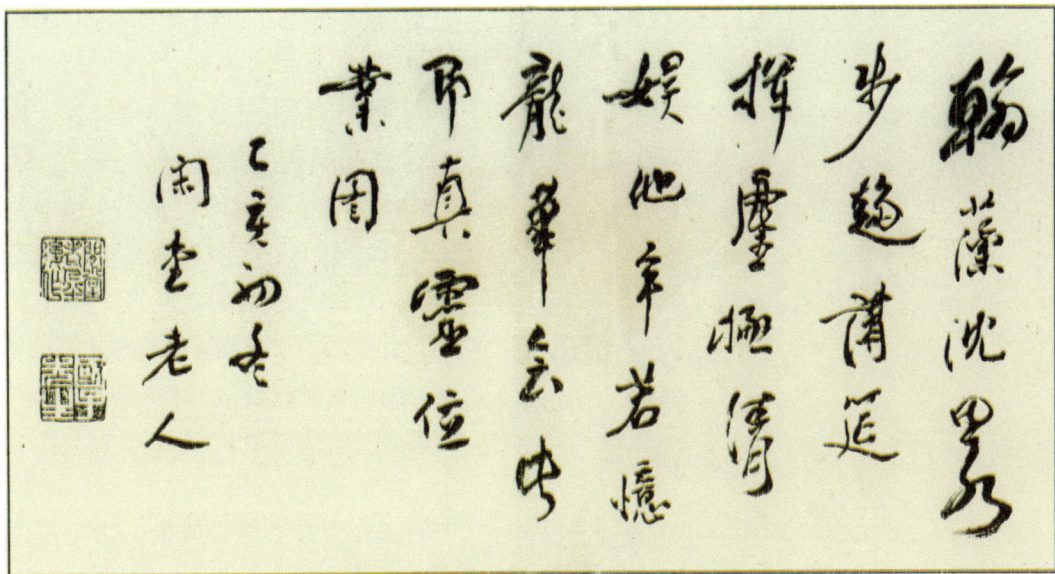

题名录上，千帆题诗："翰藻沈思如步趋，讲筵
挥麈极清娱。他年若忆龙华会，此即真灵位业图。"

15 | 春游栖霞山

一次快乐的栖霞之游。左起：程丽则、小燕、程千帆、莫砺锋、陶芸。千帆穿着一件丽则在武汉工厂时所发工装，在当时可谓既时髦又休闲

栖霞山林中师生合影。左起：徐有富、张三夕、程千帆、莫砺锋

自 1977 年全国高校恢复高考之后，继而又恢复了招收硕士研究生。

千帆也于 1979 年 7 月招收了徐有富、莫砺锋、张三夕三人。自五十年代离开教学岗位后，首次招收研究生，千帆的心情很激动，迫切期望能培养出一批优秀的接班人。因此，他对学生要求极严，除要上几门课，通读几本经典著作外，每周还要来汇报学习心得，并为他们讲授治学方法，解答各种疑难问题，生活比较紧张。

1980 年 4 月 20 日，是一个晴好的周日，千帆率三生及家人到南京近郊栖霞山春游。只见春红叶茂，层林碧染，杜鹃盛开，一派春日里的大好光景；栖霞寺香烟袅袅，钟声悠扬，让人仿佛置身红尘之外。

久居闹市，一时接近大自然，在繁忙的工作中身心得以放松，师生都特别高兴。

其中，一段插曲令人紧张又好笑。

围观在栖霞寺的舍利塔下，大家仔细观赏上面的雕像与文字，两岁多的外孙女小燕子乘人不备，自行走动。当大家突然发现她不知去向时，引起一阵紧张，急忙四下呼叫寻找，幸而很快又在附近将她寻得，原来她跟在其他人的后面走到另外一处去了。

丽则与早早、小燕母女三人休憩图

　　徐有富的一组诗记录了当天的情景：

　　　　一、相携
　　栖霞庙会人如潮，白发教授兴致高。
　　燕燕展翅初试飞，九人相携登山道。

　　　　二、早早
　　手采杜鹃眉眼笑，早早走路喜欢跳。
　　问你春天在哪里，就在自己身上找。

　　　　三、留影
　　蝉鸣鸟雀噪，偷空写小调。
　　独坐树丛里，镜头对我瞄。

　　　　四、谈诗
　　草木诚坚瘦，篙眼如蜂巢。
　　投身自然界，方知诗句妙。

　　　　五、野餐
　　程老切面包，师母厨艺高。
　　爬山归来后，更觉味道好。

两岁多的小燕子手捧杜鹃花

16 古诗今选与庐山

　　1955 年,随着全国高校的院系大调整,祖棻和众多同事一起被合并到南京师范学院中文系。
　　1956 年的暑假,千帆一家来到避暑胜地庐山。那时各大单位在庐山都有自己的招待所,大学也不例外。千帆夫

1956 年 8 月 5 日,一家三口在庐山仙人洞留影

丰子恺赠画

妇来到这里不是单纯为了避开武汉、南京两大火炉，而是要安心完成一部书稿的著述。他们没有住学校的招待所，而是住在了原庐山大礼堂旁边的一排有石头外墙的房子里，相邻而住的有几位大画家。根据丽则的回忆，这部书稿应该就是后来出版的《古诗今选》，预支的部分稿费就用在了庐山的行程上。

身居名山大川之中，千帆夫妇却基本无暇出游，只是终日伏案工作。女儿丽则多是自己与小朋友在附近玩耍，偶尔也由其他大人带出游玩。记得非常清楚的是，最常在一起的玩伴是画家刘海粟的小女儿妞妞，有一次被画家丰子恺父女带到含鄱口观景，留下两张合影，事后还获赠一幅《种瓜得瓜》图。后来，丽则读到丰子恺先生1956年9月所写《庐山游记之三——庐山面目》一文，对于含鄱口游览有大段描述，虽未提及小尾巴丽则，但写到那天白雾茫茫弥漫山中，无怪乎留下的照片光线极差，影中人皆面目不清。

千帆夫妇工作之余只在附近散步，去过一次仙人洞，留下了一张合影。庐山之行也是千帆一家三口难得的一次同行远游。

虽然书稿如期完成，也交到了北京中国青年出版社，但是1957年风云突变，不仅延缓了出版，而且最终导致出版社退稿，千帆返回预支的部分稿费。

《古诗今选》就此束之高阁二十年。后来,千帆在南京大学讲授诗学课时用作讲义,同时对原稿进行了增补删订和修改,1978年9月18日至1979年8月15日费时十一个月完成,先行由南京大学中文系刊印了"征求意见稿"。

含鄱口合影。王文生(前排左一);后排左起:史明、白桦、公刘、程千帆

与著名作家白桦(左)、诗人公刘(右)相谈甚欢

1980年的盛暑酷热难当,在南京无法静心工作,千帆与陶芸赴庐山,找到一个价廉而又清静的客舍住下,终日伏首,对《古诗今选》进行再次校订,二十多天鲜有暇日出游。

当年夏秋之交,千帆将此书交与上海古籍出版社出版。

历史往往惊人的相似,同样的行程,同样的目的,甚至是为了同一本书,然世事变迁,三十余年弹指一挥间,无限感慨能与谁说?

在庐山期间,适逢南京《青春》、武汉《长江文艺》、江西《星火》三家杂志社编辑部在庐山举办创作讨论会,即前来邀请千帆为青年作家讲授"关于古典小说的艺术技巧问题"。课后遂与各作家同游含鄱口、植物园等名胜。

千帆庐山留影

千帆、陶芸在庐山

17 校雠学与史通笺记

千帆说自己的治学是从校雠学入手的。

1934 年的秋天，读大学三年级的千帆跟刘衡如老师学习目录学，写了一篇关于目录学的论文，发表在《金陵大学文学院季刊》第二卷第一期，这是他发表的第一篇论文。随后他又陆续写了几篇，结集为《目录学丛考》，1939 年由中华书局出版，成为千帆的第一本论文集。

四十年代初，学术界对于校雠学的名称、范畴等问题的理解众说纷纭、莫衷一是。千帆开始对此进行深入思考，

在山东大学讲学期间，与中文系老师合影。前排：蒋维崧（左二）、程千帆（中）、殷孟伦（右二）

以后多年时间里，他一边讲授校雠学，一边将思考的结果记录充实。解放后，校雠学课程被取消，1957年后千帆又离开教学岗位达二十年。虽然无法继续完成校雠学的研究工作，但他心中始终铭记刘衡如老师的教诲与期望，他在诗中这样表达自己的心情："争关梦觉谈何曾，敬业传薪愧不能。未死白头门弟子，尚留屡魄感师承。"

"文革"结束后，劫后余存的稿子仅剩三分之一。为了带好研究生，使其打下学习古代文学的坚实基础，千帆重新开设校雠学课程，同时也重新审理旧稿。

1980年5月23日至6月23日，千帆应殷孟伦之请，到山东大学一个月，为研究生讲授该课程及治学方法，两校研究生将课堂笔记整理为《校雠学略记》。当时齐鲁出版社闻讯，特前来约稿。

研究生徐有富毕业留校后，千帆不仅将讲授校雠学的课程交给了他，也将继续增补扩充、完成校雠学著作的任务交给了他。师生十余年通力合作，薪火相传，终于在1996年完成全书，1998年由齐鲁书社出版了《校雠广义》四卷本。这是我国第一部全面论述校雠学的实际操作方法的教科书，有着重要的实用价值和意义，有书评誉其为"校雠学重建的奠基之作"。

此书曾荣获第三届国家教委优秀教材一等奖，第四届国家图书奖，至今仍被不少学校用作研究生教材。

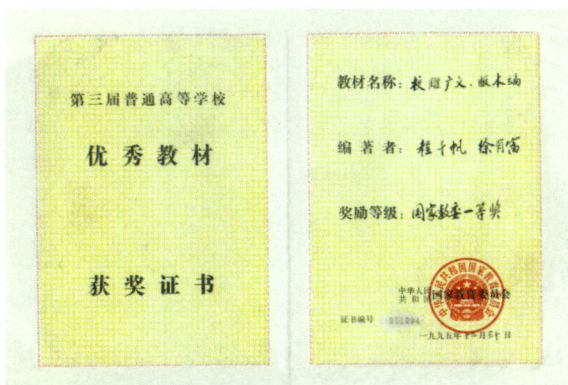

《校雠广义》获全国优秀教材一等奖证书

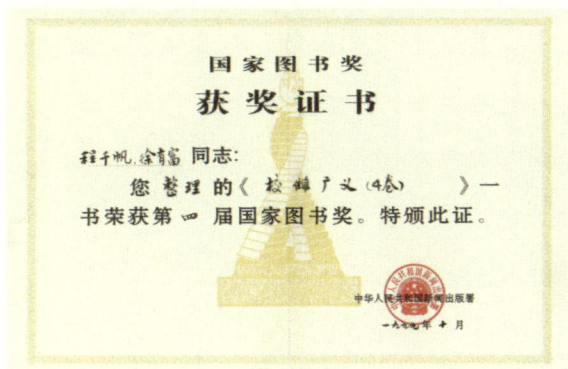

《校雠广义》获国家图书奖证书

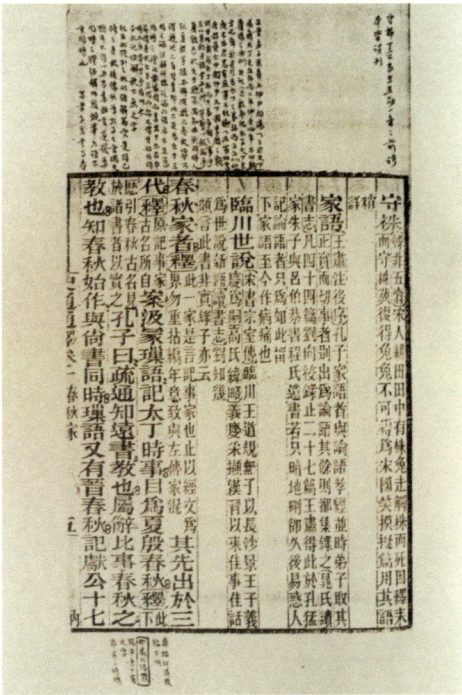

1945 年抗战胜利之后,千帆第二次来到武汉大学任教,当时他开了一门专书研究的课程,即《史通》。同时,他开始以浦氏的《史通通释》为底本,进行增补、纠错,为《史通》作注。

1959 年秋,千帆由蕲春八里湖农场回到武汉大学,在校内农场继续劳动改造,1961 年因病在家休养,生活相对安定,他又开始悄悄重拾旧业,并于年底将手批《史通通释》稿,整理为《史通笺记》。

1966 年,"文革"爆发,学校里一片混乱,

程千帆批校《史通通释》

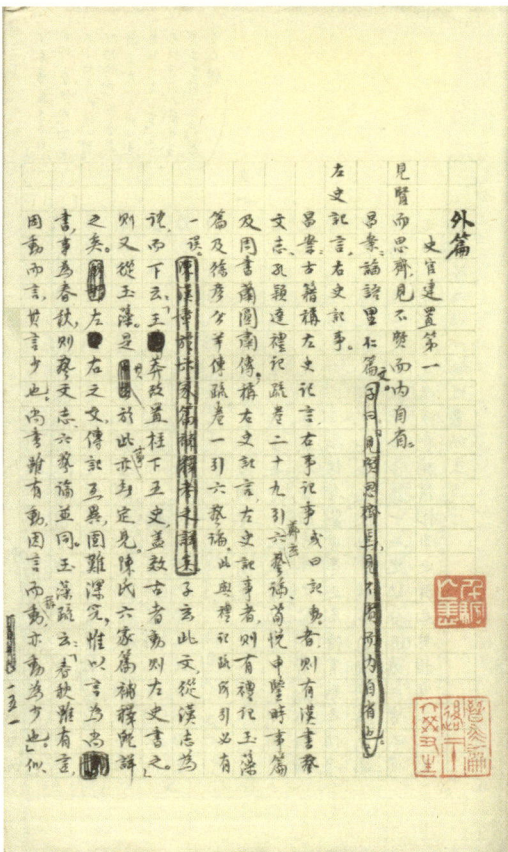

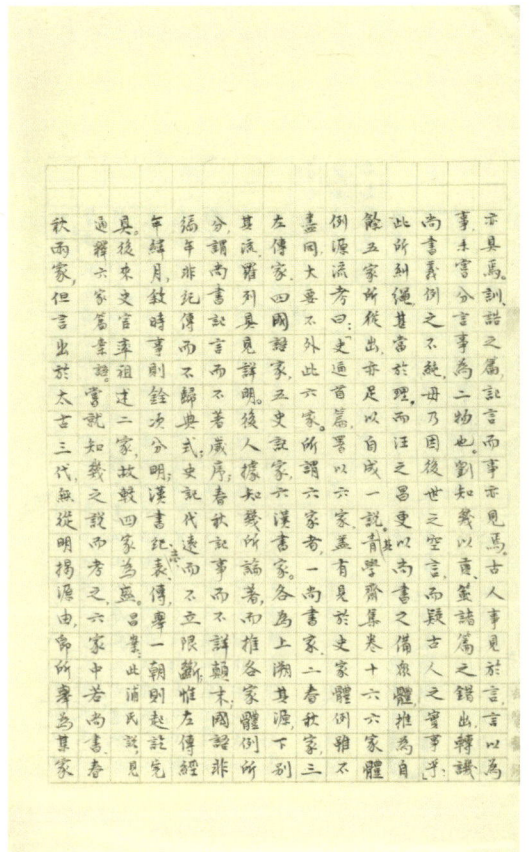

1961 年冬,整理《史通笺记》一稿手稿

各处抄家成风。右派的家自然在劫难逃,于是千帆书房里一排书架连同书籍全被贴上了封条,千帆的书稿、笔记本,甚至赴朝鲜慰问时志愿军、朝鲜人民军、朝鲜友人相赠的战斗纪念章、诗篇等也被通通带走。书稿的失去对千帆是很大的打击,其中就包括了《史通笔记》。

过了几年之后,突然有人在中文系发现了这些书稿,被扔在红卫兵废弃了的一口大锅里。面对珍爱之物失而复得,千帆心中五味杂陈,瞬间表现出来的却是长久绝望后的漠然。很快,千帆调整心绪,又提起笔,重新开始抄录备份。乱世之中这样的不幸之幸,亦非人人可遇。

1980 年 12 月,《史通笔记》在中华书局出版,后收入《程千帆文集》《程千帆全集》。

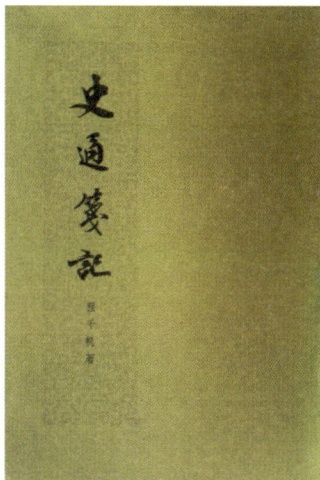

1980 年 12 月,由中华书局出版的《史通笔记》

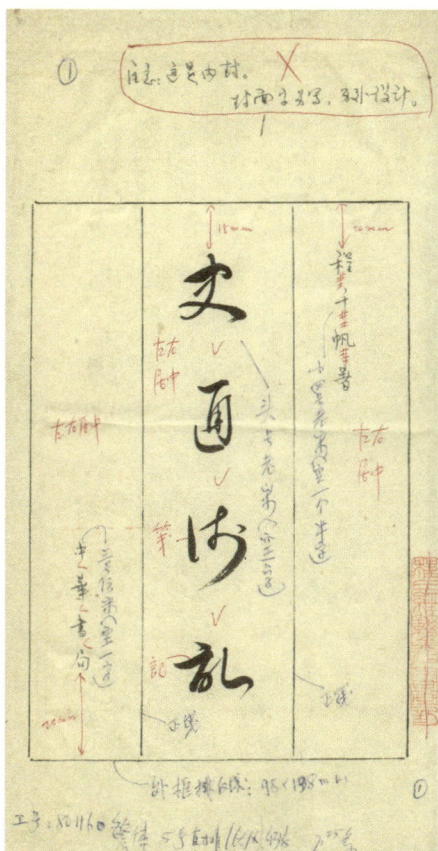

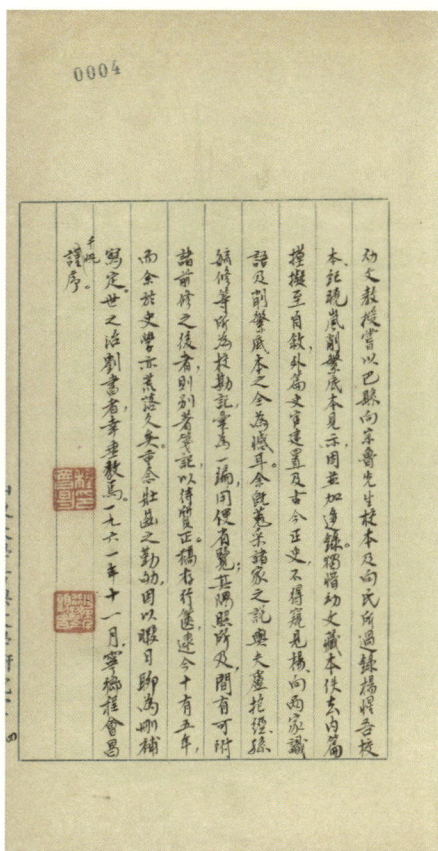

1980 年,整理《史通笔记》二稿手稿

18 讲学之旅

办学期间，复旦大学一级教授郭绍虞大师来培训班探望师生，千帆等前往参谒并合影留念。左起：徐中玉、郭绍虞、程千帆

自恢复高考后，青年学子得以进入大学学习，一时读书风气极盛。高校中很多中青年教师离开讲坛多年后重执教鞭，深深感到自己所学已经停滞甚至忘却在荒废的年华中。面对新形势的突然降临，面对无数上山下乡青年涌进大学校门求知的局面，他们不免为自己的知识流失感到惶恐，也极想有机会好好提高。

于是上海华东师范大学由徐中玉教授主持，在1980年5月开办了中国古代文学批评史培训班。许多大学教师前往参加培训，学员遍布全国各地，听课人众，授课的人亦多，千帆也受徐中玉的聘请前去讲课。

学习班办得很成功，影响很大，所出集刊《古代文学理论研究》发行至今。

八十年代，为了进一步促进省际交流，提高、加速少数民族地区的文化和发展，江苏省和广西壮族自治区曾有多方面的文化交流协定。

1981 年 4 月上旬，千帆亦奉派前往广西自治区省会南宁市，参加南宁师范学院举办的高校教师讲习班，讲授诗学。在新形势的鼓舞下，知识分子的学习热情尤为高涨，特别是那些正欲大展宏图的青年教师。

因此，各地报名参加讲习班的教师很多，他们来自山西、湖北、湖南、贵州、云南、广东及广西各地市，共二百余人。课时长达一月，直至 5 月上旬始讲授完毕。

在南宁讲学期间，千帆遇见不少武汉大学当年的老学生，相见甚欢。除同游南宁各胜地并酬酢外，还与他们座谈，解答一些问题。

千帆在南宁讲学时的留影。千帆授课口若悬河，神采飞扬，可见一斑

与当年武大老学生座谈。左起：何文白、韦其麟、程千帆、林焕标

千帆与陶芸在南宁师范学院校园

1984年3月，千帆到武汉参加全国古代小说理论讨论会，并在会上作了"从小说本身抽象出理论来"的报告。

会后又给武汉大学研究生做学术报告，给武汉师范学院（现湖北大学）研究生讲课，与武汉师范学院的院、系领导及研究生导师分别座谈。

章子仲系祖棻在四川大学任教时的学生，与祖棻的得意门生宋元谊为同窗好友，解放后一直在武汉师范学院任教，与千帆夫妇保持联系。特别是千帆应邀到武汉师范学院讲学期间，往来尤密。当时，千帆鼓励章子仲写沈祖棻传记，并给予了许多珍贵的一手资料。初稿完成后，千帆又给予详细批改。1989年，章一去美国十年，传记一事因种种原因搁置。直至2004年春节，八十高龄的章子仲在女儿的鼓励帮助下，对所写传记进行了适当的修改规整，终于于2004年10月在美国溪流出版社出版，书名为《北斗七星——沈祖棻的文学生涯》。

3月17日，武汉师范学院邀请千帆赴湖北黄州赤壁游览，在苏东坡塑像前留影。武汉师院教授朱祖延（左二）、程千帆（左三）、武汉师院党委书记李成文（右三）

1984年初春，与老学生章子仲（左）合影

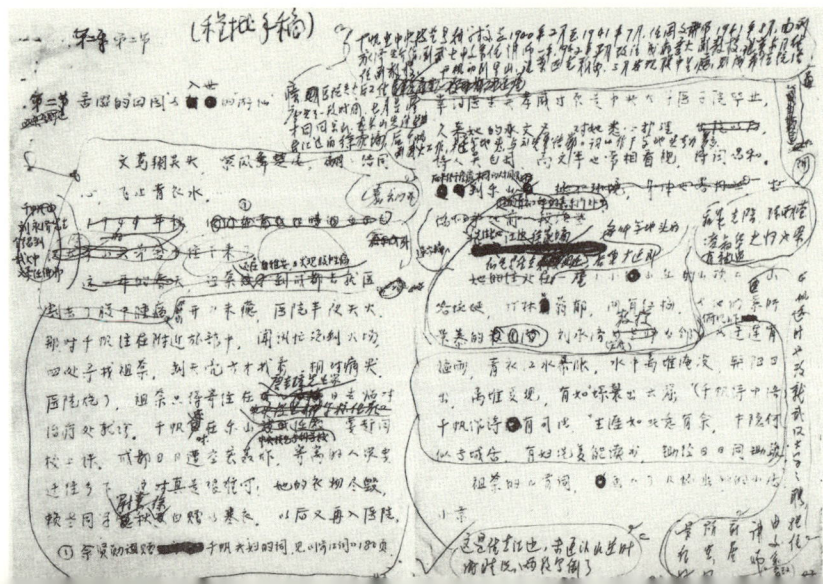

千帆为章子仲的初稿所作批改

　　1985年12月,千帆再赴苏州,参加苏州大学教授钱仲联指导的博士研究生答辩会。答辩会后,受钱仲联邀请与上海华东师范大学教授王元化等同往常熟市,游览其家乡。

千帆夫妇与王元化夫妇(右)合影

与钱仲联(右)在常熟钱牧斋墓前留影

1996 年 5 月,千帆到武汉参加《中华大典》审稿会,武汉大学、湖北大学两校中文系听闻,皆来邀请千帆前往作学术报告。

在武汉大学作报告之后,师生四代同堂合影。左起:陈文新(吴志达的研究生)、吴志达(千帆的研究生)、程千帆、欧阳峰(陈文新的研究生)

漫步在湖北大学校园。左起:程千帆、陶芸、周勃、张春晓

19 | 秦淮漾春暖
朋自远方来

　　中日两国一衣带水,文化交流自古密切,特别是中国
的许多传统文化在日本都得到很好的保存和发展,故中日
两国的学者也往来频繁。千帆一贯提倡和重视国际间的学
术交流,曾和孙望等合著《日本汉诗选评》,与许多日本汉
学家保持通信和交往。

　　1980 年,千帆就接待过日本波多野太郎教授的来访,
并有诗相赠:

　　　　秦淮漾春暖,朋自远方来。
　　　　奋翼一泓水,冲寒几驿梅。
　　　　白头倾盖晚,青眼及春回。
　　　　千载风流地,君宜数举杯。

　　特别是日本留学生横山弘,在南大学
习数年,曾认真听千帆为研究生讲授的"杜
诗"课,并全部录音带回日本。在宁留学时,
他还常常向其他学校的专家教授请益。

　　回国后,横山弘任日本奈良女子大学
文学部教授,仍与南大联系不断,多次于暑
假期间率领日本大学生来南大短期进修。

1981 年 12 月,横山弘拜见千帆时,在家中合影。左
起:横山弘、程千帆、孙望

1986 年 10 月 30 日，日本学者松冈荣志（左）
来访。松冈荣志翻译了千帆的《唐代进士行卷与文
学》在东京出版，书名《唐代的科举与文学》

1989 年 3 月，千帆生病住
院期间，日本松浦友久教授
（左）率学生寺尾刚（右）来医院
拜访

1990 年 11 月，日本教授村上哲见（右）及其学生田静香（左，1989年 9 月毕业于南大的留学生）来访合影

1992 年 11 月，在厦门召开的中国第六届唐代文学年会暨国际学术研讨会上，与日本三重大学两位女教授合影

在宾馆门口合影留念

钱歌川(1903—1990),原名慕祖,笔名歌川。湖南湘潭人。著名的散文家、翻译家。1939年自伦敦回国到武汉大学等校任教,1947年春,前往台北创办台湾大学文学院并任院长。七十岁以后移居美国。

四十年代,钱歌川与千帆同在乐山武汉大学任教,一度在乐山学地头的小山丘上比邻而居,谈学论文相处甚得。钱歌川教授英国文学,对英语语法有很深的研究,出版过好几本这方面的书,极为畅销。

1982年6月,千帆得钱歌川来函,知其已由美返国抵宁,翌日,即与陶芸前往丁山宾馆造访。往事如歌,悠远不绝,四十年后再度相晤,皆垂垂老矣。

当年,千帆曾有诗记录二人论文之乐:

涉足词林百态新,要归文术贵清真。
曾闻杜老分明语,不薄今人爱古人。

到眼横流看欲尽,隔帘斜日已无多。
他时纵有还京乐,犹为今宵唤奈何。

佘雪曼(1908—1993)，男，字莲裔，香港著名书画家。

佘雪曼毕业于中央大学艺术系，1949 年始，移居香港四十余年。1950 年在香港建立"雪曼艺文院"，从事书画创作及教学。

1982 年初夏，佘雪曼应国家文化部之邀在中国美术馆举办个人书画展览。随后，又以南京大学老校友的身份应南京大学与江苏省文化局邀请，来宁在江苏省美术馆展出个人书画。

抗日战争期间，千帆和佘雪曼皆任教于四川大学，在成都结邻而居，相处和悦。几十年不见，今乃知其在香港自办"雪曼艺文院"，教授为生，桃李天下，颇著声誉。佘尤精"瘦金书"，而小变其体。因别号莲裔，故称其体为莲体。

6 月 4 日开幕式上，千帆(左三)兴致勃勃参观画展，并与佘雪曼(左四)愉快交流

老友重逢。左起：张月超、佘雪曼、程千帆、陶芸

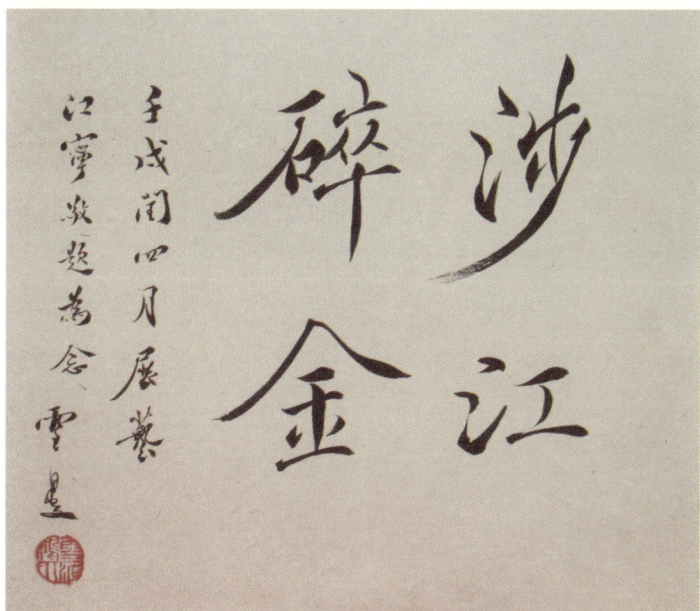

佘雪曼为涉江词人手稿册题念

佘伯伯赠丽则条幅，赞其父母"日月齐光"

　　1984 年 4 月，国务院古籍整理出版规划小组正式委托南京大学承担《全清词》的编纂任务，由千帆担任主编并组成《全清词》编纂研究室开始工作。至 1986 年底，《全清词·顺康卷》完成初稿，1994 年 5 月，经反复修改，顺康卷之一、二册出版。

　　1985 年 5 月，加拿大华裔词学家叶嘉莹应南京大学邀请来校讲学。

　　叶嘉莹对词学很有研究，著有《迦陵文集》十册，又是《全清词》的学术顾问。故讲学后即接受邀请来《全清词》研究室参观，并与研究室全体成员合影。

千帆与叶嘉莹对相关学术进行交流

左起：史梅、屈兴国、尹志腾、程千帆、张宏生、叶嘉莹、严迪昌

10月20日,千帆在病床上与老友合影

潘重规(1907—2003),字石禅,江西婺源人,黄侃先生的女婿。毕业于南京中央大学中文系。一生中担任过海内外许多大学的教授,他长期致力于黄侃学术的研究、传播,并在敦煌学研究方面作出了重大贡献。

1990年10月,千帆因心脏房颤病复发,住入江苏省人民医院治疗。老友潘重规自台北赴敦煌开会,会后枉道来宁过访。少年学友,分隔海峡两岸几十年,尚能在生前重逢相聚,喜莫大焉。

千帆作诗六首奉赠,其一、二两首云:

西风破睡入匡床,斗室孤呻亦自伤。
失喜故人归故国,不遑颠倒著衣裳。

八十犹堪事远游,敦煌访古气横秋。
前身未必梁江总,重到秦淮也黑头。

时潘先生任台湾文化大学教授,年龄已八十有三,而身体健康,为学术工作依然长途奔波不辞辛劳,令人感慰。

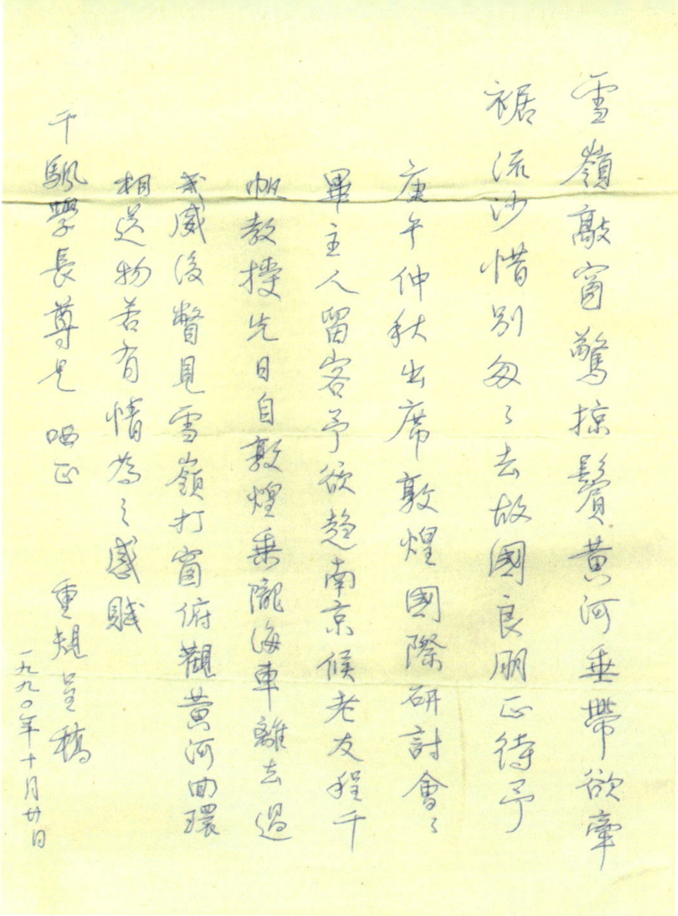
雪嶺敲窗驚掠鬢黃河垂帶欲牽裾流沙惜別匆匆去故國良朋正待予

庚午仲秋出席敦煌國際研討會會畢主人留客予欲趁南京候老友程千帆教授先日自敦煌乘隴海車離去還武威後暫見雪嶺打窗俯觀黃河曲環相送物若有情為之感賦

千帆學長尊兄 哂正　重規呈稿

一九九〇年十月廿日

潘重规即日赋诗相赠："雪岭敲窗惊掠鬓，黄河垂带欲牵裾。流沙惜别匆匆去，故国良朋正待予。"

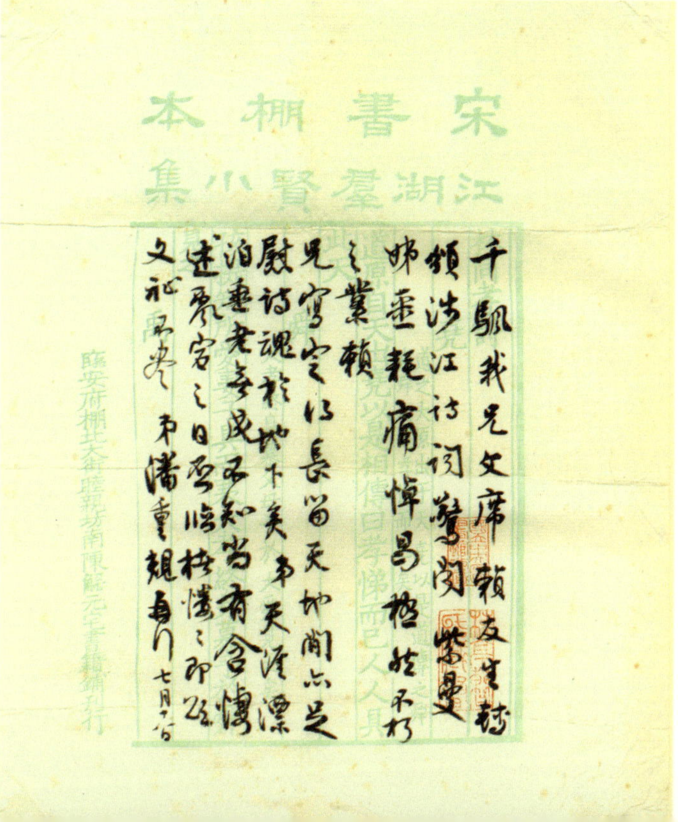
宋書棚本

江湖羣賢小集

臨安府棚北大街睦親坊南陳解元宅書籍鋪刊行

千帆我兄文席 頃友生轉讀涉江詩詞驚閱紫曼姊噩耗痛悼曷極然不朽之業賴兄寫定以長留天地間亦足慰詩魂於地下矣弟天涯漂泊垂老無成不知當有含懷述承容之日否臨楮憮然即頌文祉不盡 弟潘重規頓首 七月十六

潘重规来书，悼念涉江词人

　　1994 年 12 月,美国陈纳德将军之夫人、华裔著名学者陈香梅女士来南京大学讲学,并接受南京大学名誉教授职称。12 月 29 日,南大举行授与仪式,千帆也参加了典礼。会后同摄此影。

前排:陈香梅(右五)、校长曲钦岳(右四)、党委书记韩星臣(右三)、程千帆(右二)

　　1998 年 4 月，香港中文大学教授饶宗颐等来南京大学参观南大博物馆(当时尚在筹建中)珍藏的书画精品。千帆与饶先生多年交往,但因年老体弱不能陪同参观,故去南大外事办公室会见并留影。

前排:饶宗颐(左一)、程千帆(左二)

大陆、台湾骨肉相连，几十年的封锁一旦解禁，亲人朋友之间的心情可以想见。千帆不仅与蔚素秋、潘重规等昔日老学友喜得重聚，而且与台湾学术界的同仁，包括年轻人也建立了联系。

1999年5月11日，门人张伯伟、程章灿陪同台湾政治大学中文系教授唐冀明来访。唐原是武汉大学研究生，赴美国获得哥伦比亚大学博士学位。曾在纽约办报纸，后去台湾任教。这次是应南京大学中文系邀请来做学术报告。

1990年7月，弟子张宏生（右一）陪同台湾国文天地社连文萍（左一）、林庆彰（左二）、叶晓珍（左三）来访

1999年1月28日，台湾学者林庆彰（后排右二）、蒋秋华、杨晋龙、张寿安、赖贵三、黄智信六位先生来访，交谈两岸文学发展情况

左起：唐冀明、程千帆、张伯伟、程章灿

20 第一个文学博士

1981 年 7 月，教育部召开全国高等学校专家会议，评选第一批博士生导师，经过严格的推荐、审核，千帆位于其列。因此，随后建立的中国古代文学博士点是南大中文系的第一个博士点，也是恢复研究生招生制度后的全国首批博士点之一。

1981 年底，千帆教授的三位硕士研究生毕业。次年春，经过考试，选拔莫砺锋为博士研究生，攻读中国古代文学博士学位。第一课，千帆即告以"敬业、乐群、勤奋、谦虚"八个字为训，以后对所带各届博士研究生也都以此要求。

莫砺锋学习勤奋，作风严谨，稍有不明，随时请益。经过三年的刻苦学习，1984

千帆指导莫砺锋读书

1984 年 12 月，中国第一个古代文学博士莫砺锋的答辩会。答辩委员前排左起：管雄、傅璇琮、霍松林、钱仲联、徐中玉、舒芜、程千帆、周勋初

年12月莫砺锋获得博士学位，成为我国自己培养的第一个文学博士。

1997年，继千帆、周勋初两位老师之后，莫砺锋成为南京大学古代文学学科带头人，他所带领的学科全体中青年教师，积极继承前辈的优良传统，成为一个实力很强的学术团队，在全国同行中享有盛誉。

1989年6月中旬，千帆所带博士生张宏生、曹虹、程章灿、张伯伟相继进行毕业论文答辩。参加答辩者除千帆与周勋初、吴新雷等教授外，还聘请了上海复旦大学章培恒、南京师范大学孙望、郁贤皓等校外教授。

当时条件简陋，亦不追求外在形式，千帆自书答辩会横幅

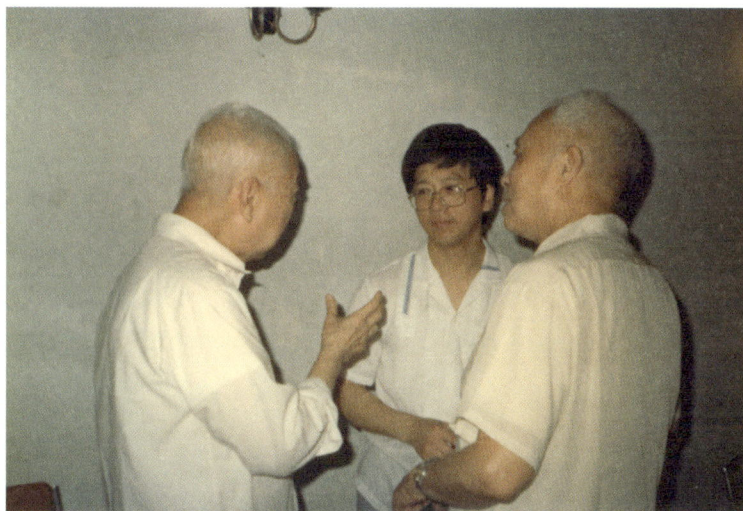

答辩会上,张伯伟向千帆、吴调公(右)二位老师请教

6月14日答辩会结束,各位教授与博士生合影留念。后排左起:周勋初、郁贤皓、程千帆、孙望、章培恒、吴新雷。前排左起:张伯伟、张宏生、曹虹

21 | 太极健身

1983 年，在家中书房

　　1978 年千帆再度出来工作时已六十五岁，虽历经磨难，年事已长，而雄心犹在，亟思将失去二十年的时间补回来。到南京大学后，他一直处于高负荷运转之中，除每周上几门课，带研究生外，还要把考虑已久的各项研究成果写

成书籍。另外,学校工作、社会工作、接待来访也相当多。仅书信往来一桩就不胜繁多,观其日记所载:

1979 年 4 月 9 日,发信 16 封。(注:凡收发信件皆记录姓名,此处略)

1979 年 6 月 4 日,发信 20 封。

1979 年 9 月 13 日,收信 12 封。

1979 年 9 月 14 日,收信 14 封。

1979 年 9 月 24 日,收信 14 封。

1979 年 10 月 1 日,收信 12 封。

1980 年 1 月 9 日,发信 9 封。

1980 年 2 月 1 日,收信 16 封。

1980 年 2 月 5 日,发信 8 封。

1980 年 2 月 6 日,发信 8 封。

1980 年 2 月 7 日,发出《理论史大纲》9 封。

1980 年 3 月 1 日,收信 8 封。

1980 年 3 月 3 日,收信 9 封。

以上记录,为一年中比较典型的情况,其实每天收、发各三五封信件,都是常态。这些往来信件尽为工作之需,属于亲情友情联络的仅占十之一二。

繁忙的工作需要有健康的支持,事实上,千帆由于过度劳累,心脏已经出现了病灶。健康少不了运动,所以千帆想进行一些力所能及的锻炼。中文系教师万业馨擅长国术,千帆特邀请其教授太极拳,每天练习,取得一定成效,对于恢复疲劳、增强体质很有帮助。

1983 年,千帆在汉口路 52 号宅院中打太极拳

1987 年,一段繁忙的工作之后,某日下午,千帆携陶芸、史梅(时为"全清词"工作人员)到东郊梅花山一游。漫步林中,千帆一时童心大发,史梅姑娘便拍下了这张有趣的照片,后千帆又在照片下题字:"老夫聊学少年狂"

22 同仁共事十二年

梯队成员在一起讨论工作。左起：吴新雷、周勋初、程千帆、郭维森、吴翠芬

千帆1978年来南大,1989年正式退休,在职工作十二年。

1981年,南京大学中文系建立了古代文学博士点,为了有利于研究生转益多师,广泛吸取知识,同时教学相长,进一步提高教师水平,千帆特邀当时的四位副教授共同组成了学术梯队,以便更好地指导研究生的学术成长。

中文系古代文学教研室在八十年代中期,有中年及老教授十余人,大家团结一致,生气勃勃。教研室主任吴新雷在千帆的建议支持下,积极组织文艺沙龙,众人不定期地聚会一堂,畅所欲言交换心得,既活跃了学术空气,又增进了同事感情。

1987年,以千帆为带头人的南大中国古代文学专业被国家教委评为第一批全国重点学科,当时,全国该专业享此殊荣的只有北京大学和南京大学两家。

1999年千帆曾经说道:"这张照片(下图)对我是很珍贵的,因为其中好几位已经辞世。"如今又是十三年光阴流逝,影中人大部分已离我们而去,照片自然更觉珍贵。

1983年12月29日,中文系行政暨学术委员会召开全体会议,同时党总支传达新一届系行政领导名单

右起:郭维森、陈瘦竹、陈白尘、吴白匋、张月超、程千帆、王气中、祁蔚(党总支书记)、叶子铭、周勋初、许惟贤、许志英、包忠文

1985 年 11 月 26 日下午,举办了一次成功的沙龙活动,参加旁听的研究生、本科生多达六十人。会后同仁及研究生在系小楼内合影。前坐者左起:程千帆、王气中、陈瀛、管雄。后立者左起:钱南秀、吴翠芬、郭维森、周勋初、杨子坚、王立兴、吴新雷、周一展、莫砺锋、张伯伟。墙上的字为千帆手书

1991 年 12 月 21 日,相关人员讨论学科建设
左起:卞孝萱、程千帆、周勋初、郭维森、莫砺锋

1978 年，千帆与陈白尘先后受匡亚明邀请来到南大中文系任教。二人惺惺相惜，关系融洽。

陈白尘（1908—1994），南京大学教授、著名戏剧家。

1994 年 5 月，陈白尘不幸逝世，9 月，其家属请千帆为作碑。千帆应允，所作碑文概括地介绍了陈白尘奋斗的一生，高度评价他的创作成就和为人品格。记述了陈白尘晚年的重要贡献，即在南京大学主持话剧文学，为中国培养了首批戏剧学博士。

录其中部分碑文如下：

……惟真理之是从，不曲学以阿世，自弱及耄终身以之。四凶既殄，禹域重光，君受聘南京大学，传其戏剧之学，我国话剧之有博士，盖自君之培育始。而创作激情，弥抑弥扬。所作《大风歌》、《阿Q正传》二剧，尤臻极致，殆所谓文章老更成者……

千帆并写信恳请远在北京的万业馨书丹，以传久远。

其时，万业馨已于 1994 年夏由南京大学调往北京语言文化大学工作，她为人正直，学问扎实，精于书法，同时擅长体育、烹饪。与千帆长期保持着亦师亦友的良好关系。

陈白尘之墓碑碑文，由程千帆撰，万业馨书

1993 年 2 月，
万业馨、王志良夫妇
看望千帆并合影

1993 年春节在
汉口路家中，瓶中银
柳正盛

23 | 成都之行喜晤旧友

1985 年 9 月，千帆赴成都参加全国宋代文学讨论会，莫砺锋同往。

大会闭幕后，代表们共往乐山参观大佛。途经眉州三苏祠，遂进入瞻仰。

抗战八年，四川的大地和人民为全中国作出了极其巨大的贡献。虽"蜀道难，难于上青天"，但那里山水广袤，人杰地灵，尤其成都平原物产丰富。这片了不起的土地不仅保护了广大西迁的知识分子，也在精神上滋润了他们。

抗战生活极其艰难，为工作四处奔波，千帆、祖棻曾先后在成都金陵大学、华西大学、四川大学等校任教，与四川学者过从甚密，结交了许多川籍好友，与其

与莫砺锋(右)、陈植锷(左)在苏东坡塑像前合影。陈系杭州大学研究生，不幸英年早逝

中一部分人的友谊延绵终身。如叶石荪、陈孝章、刘君惠、萧印唐等。

四十年过去,历经风风雨雨、世事变迁,这次重来成都参加会议,幸存的老友和老学生均来看望,白头相见,不胜唏嘘。

与故人相聚时合影
第一排左起:赵幼文、程千帆、陶芸、刘君惠
王文才(二排左三)、刘国武(二排右一);王仲镛(三排左二)、李国瑜(三排右一)

在四川大学任教时的老学生约游青城山
其中王淡芳(左二)、刘彦邦(右二)两人和千帆(左三)保持书信往来不断。千帆和祖棻以前写给王淡芳的书信,他都精心保存并寄还给千帆,因此后来才能得以面世

刘君惠(1912—1999),四川人,训诂学专家,四川师范学院教授。千帆夫妇与刘君惠交好于成都金陵大学,又曾相邻而居,刘为人热情豪爽,经常召集聚会。千帆回忆:旅寓成都三年,极平生唱和之乐。

1986 年,刘君惠寿千帆联,对千帆的学术成就评价极高,由徐无闻先生篆书。

跋云:"千帆贤长兄博综文史,囊括九流,辨章风谣,曲通万象。考索淹博,识断精严。真能开昔人未有之境。令庖丁废其踌躇,为斲轮言其甘苦。词人之圭臬,作者之上驷,烛照之匠,卓然名家矣。因缀瓯北句为联,请徐无闻兄引书以为千秋之祝。一九八六年丙寅长夏,君惠题记。"

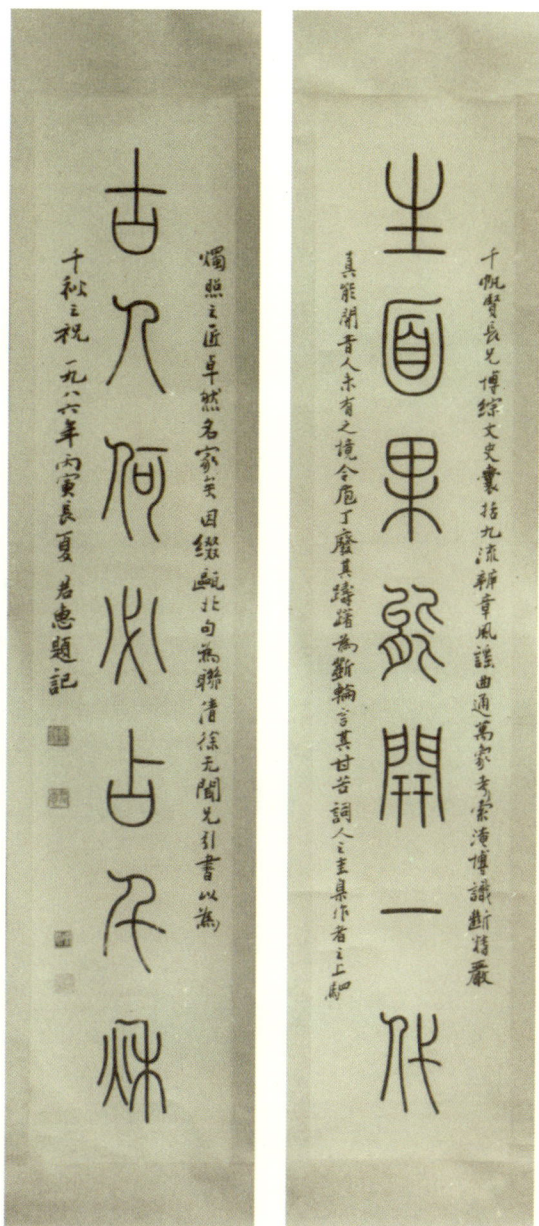

寿联:生面果能开一代,古人何必占千秋

24 | 天赐庄头今夜月

原江苏师院校园美丽，此为保存的东吴大学时期老建筑

江苏师范学院六宅头 4 号祖棻故居后门

江苏师范学院前身为著名的东吴大学，八十年代改名为苏州大学。坐落在苏州天赐庄，紧傍京杭大运河，依着一段古城墙，后门有小桥流水。

抗战胜利后，千帆再度到武汉大学任教，并随校迁回武昌珞珈山。因武大严格限制夫妻在同一所学校任教，祖棻于 1952 年接受了江苏师院之聘，并且带着女儿一同前往。千帆则留在武汉，每逢假期，就到苏州去看望她们。这样持续了四年，1956 年秋祖棻才调回武大。

1985 年暮春，千帆到苏州大学参加清诗研讨会，故地重游，招待所适邻校内宿舍——六宅头祖棻故居，

人去楼空,感慨万千,成七绝二首:

窈窕词仙去不还,尚留遗宅在人间,
闲寻执手巡檐处,一抹微阳度屋山。

迢迢楚水接吴山,应有英灵数往还。
天赐庄头今夜月,那堪重对两凋颜。

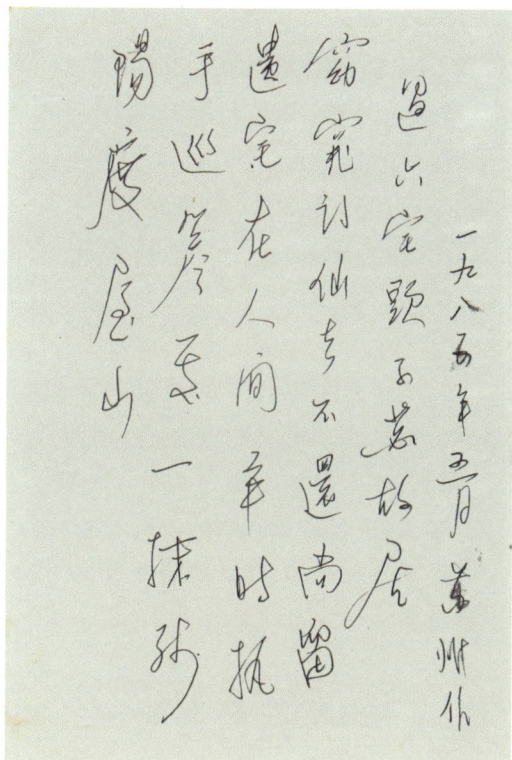

千帆写在 1985 年日记本底页的七绝诗初稿

1990 年,丽则春游苏州,重返故居六宅头 4 号留影

25 | 闲情逸致

友人章品镇当年是南京文坛资深编辑，熟于掌故，所记遗闻轶事，非常可贵。又与画家范曾交好。范曾为其作《宋江浔阳楼题反诗图》，神采飞扬，尽显笔墨之妙。

1988年2月，章品镇与千帆同游胥浦，出范画以见示。越旬日，千帆乃为题云：

非意态雄杰，无以见其反骨；非意绪风流，无以发其诗情。阿堵传神，一览即知他日"占得山东烟水寨，来买凤城春色"者，乃斯人也。老莲水浒叶子而后，及时雨造像，此帧当推第一。

吴白匋先生亦欣然题诗：

意态谁云画不成，浓欢却自怒睛生。英雄欲挽长江水，化作时霖洗凤城。

千帆题范曾画

1985年夏,千帆为人题马得画《牡丹亭》:

斯大林尝赏高尔基《少女与死神》一诗,能言爱战胜死,岂知汤若士于数百年前,已宏宣厥旨乎?此帧措意精而用笔甚简,反覆观之,知梅花数点,真有广大神通,能使半面妖鬟生而死,死而复生也。斯、高二老地下有知,固当欢喜赞叹,合掌念南无马得佛。乙丑长夏,闲堂老人漫题。

千帆又曾为敦勇题马得画《惊梦图》:

余读马得《惊梦图》凡数帧,用意命笔各异其趣。此幅写柳郎犹妙。盖其眼观鼻,鼻观心,振衣长揖,俨然一志诚种子,阿丽窥眄之余,安能不动心哉?嗟乎!吾马得真戏画中射雕手也。

千帆治学异常严谨,言谈却十分风趣活泼,引经据典出口成章,听者无不兴趣盎然,以上几段小文可一见他平日里的风采。

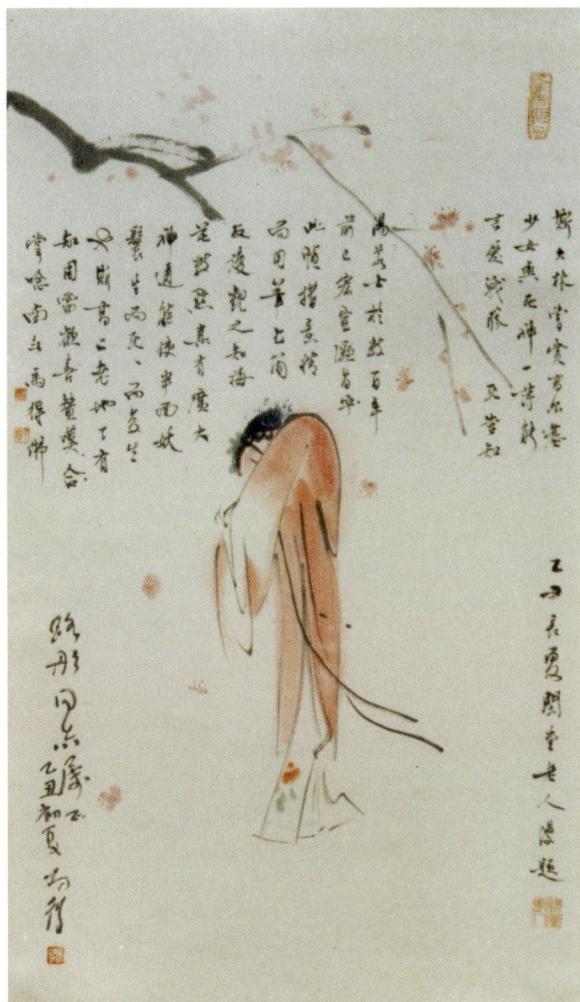

千帆题马得画

千帆在咏诵会上朗诵诗歌

二老攀登武夷风光

1988 年 5 月，武夷山管理局、福建诗词协会邀请全国各地诗人赴武夷山参加诗词座谈朗诵会。参加的福建著名诗人有赵玉林、李可蕃、蔡厚示、周祖璞、黄拔荆等，千帆与陶芸同往。

武夷山风光秀丽，尤以九曲溪为最。当时千帆曾作《武夷纪游》九首，其中咏九曲乘桴云：

乘桴偶效鲁叟，著屐难忘谢公。
拨棹清流漾碧，穿林瘦日亏红。

九曲方流圆折，滩声树影云光。
风送群仙笑语，一溪草木皆香。

瞻园，南京重要的历史文化风景名胜。历经明中山王徐达府第的西花园、清布政使衙署、太平天国东王府，迄今已有六百年的历史，是一处典型的江南园林。

1988年6月，千帆陪同匡亚明、吴白匋游览南京瞻园，雨过天青，清风徐徐，小楼之上，细谈古今之事，颇为惬意。其时文化古迹百废待兴，承瞻园主事者之请，作《重修瞻园记》并书之，刊在瞻园屋壁。其略云：

瞻园一角，乾隆下江南时所赐匾额

余少游学南京，越四十余载，而复来授书大庠。六十年中，屡过其地，迹其兴废，所感尤深。夫明祖洪王，当其初起，何尝不旰食宵衣，期有以嘉惠黔首；及上登大宝，专威柄，不旋踵而怠荒自恣，屠戮异己，自隳基业，而黎庶亦随之苦辛困顿，不聊其生。不亦重可悲夫！戊辰孟夏，偶陪匡、吴诸老重游斯园，时大雨初霁，清风飒然，小楼燕坐，娓娓道古今事，若有所会。适营缮将完，主其事者属为文记之，因就平昔所蓄念者，缀此以应，不足言文，实亦无所记也。宁乡程千帆撰并书，时年七十有五。

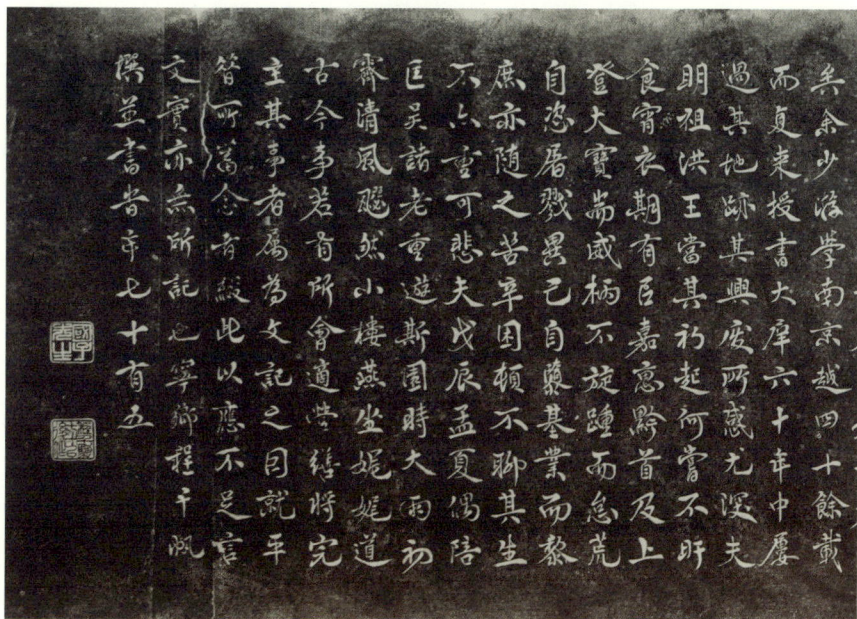

千帆所撰《重修瞻园记》的石刻拓片（部分）

1990 年夏天，丽则与史梅结伴赴富春江、千岛湖旅游。归途中，千岛湖红日东升，碧波泱泱。乘船上与马鞍山钢铁公司人事科长及《马钢日报》编辑萍水相逢，比邻而坐。见该科长手持一卷《全唐诗》诵之不已，大惊之下，遂与之交流。史梅此时正在千帆主管的"全清词研究室"工作，对诗词也颇有所知，故双方相谈甚欢。科长与编辑对南京大学及千帆都略有所知，且十分景仰，于是热情相邀一路同行。

由此结下友情，日后科长还曾来南京拜访千帆。

翌年 10 月，秋风飒爽，湖蟹正肥。应安徽马鞍山市文联及《马钢日报》编辑部邀请，千帆携陶芸、丽则、史梅前往采石矶、太白楼一游。

参观太白楼时，千帆见昔日应邀所写对联及孙望所撰碑文依然在目，孙公却已辞世一年，世事无常人去物存，不觉思之怆然。

盘桓一日，下午为文联及马钢诸同志作字多幅。

千帆秋日重游采石矶

千帆为众人挥毫

与马钢文友合影

千帆与青铜雕像

　　1994年5月，千帆在武汉大学任教时的老学生、现任广州美术学院文学教授王博仁，嘱其弟子阮崇雍、谌硕人夫妇来为千帆塑像。

　　阮氏夫妇两人皆南京艺术学院雕塑系教授，曾塑造过铁道游击队等大型雕塑，有名于世。千帆虽逊谢，而两教授坚决为之。费时一周成初型，继又注成石膏像，再送往山东于7月铸成铜像。

26 | 白首聚欢

1986 年 12 月至 1987 年 3
月,湖北大学邀请千帆,为该校
中文系青年教师及研究生讲授
校雠学及诗学。

适著名作家姚雪垠亦在武
汉。过去千帆在武汉大学任教
时,和文艺界接触很多,与姚雪
垠亦有来往。1978 年离开武汉
后,仍互通信息,互赠著述。

其时姚雪垠住在北京,继续
撰写《李自成》,因有事来到武
汉,千帆遂往探望。两人对各自
所著的《李自成》和诗学论文相
互交换了意见。姚雪垠亦曾到湖
北大学回访。

《李自成》五卷,后于 1999
年全部出版,而姚雪垠却在之前
已辞世,未及见其四、五卷之出
版,可叹!

寒假期间,丽则带女儿小燕前往武汉探望,除夕日同游
黄鹤楼,祖孙合影

千帆在湖北大学期间

与姚雪垠(右)交谈

常任侠（1904—1996），著名艺术考古学家、东方艺术史研究专家、诗人。

1987 年 10 月，老友常任侠来访，令千帆喜不自胜。

三十年代，千帆与常任侠、孙望、汪铭竹、滕刚等在南京组织土星笔会，自费出版《诗帆》半月刊。诗屋设在南京鸡鹅巷汪铭竹居所，大家意气风发，时常聚会，热情创作，交流体会，结为一帮志趣相投的好朋友。四十年后，千帆有诗怀念当年：

> 土星诗屋久烟埃，童子雕虫也费才。
> 莫厌鸡鹅恼邻里，此生无复踏莓苔。

抗日战争爆发后，众人流寓各地，从此难得一见。

常任侠来自安徽颍上，系明朝开国元勋常遇春后裔，解放后一直在中央美术学院任教授。

中国民主同盟中央委员会

孙望同志：
　收惠函敬悉：在重庆所摄照片及书林咏宸和德谷奉一帧，请收利见。复《诗帆》选诗我愿担任。您处保存全套，请复印一份，印费多少希见示。近日脚腫日妹医隆，身身不尽欲言。
即祝
教祺
　　　常任侠
　　　1987.11.2.

1987 年 11 月，常任侠给孙望的信，有关选编《诗帆》作品一事

常任侠（左）来访

1937 年两期《诗帆》杂志封面

《诗帆》成员、青年诗人玮德不幸英年早逝。此为《诗帆》玮德纪念特辑目次

1997 年 5 月 9 日，老友曾卓和夫人从武汉来访。

曾卓少年时代就投身抗日救亡运动，是著名的诗人，也曾是一名蒙冤的"胡风分子"。

解放初期，曾卓一度在武汉大学兼课，后任《长江日报》副社长，武汉市文联副主席。二人既为同事又在文艺界集会上经常见面，千帆在青年时代也喜欢写作新诗，故而相互论诗谈文，颇为契合，时有往来。

后来虽然远隔千里，难得一面，可一旦重逢畅叙旧情，仍是有说不完的话。

1997 年 10 月，著名学者、《中国文化》主编刘梦溪和夫人——作家陈祖芬来访。两位先生相知已久，但缘悭一面。这次会面自然令人非常高兴。

1997 年 11 月 18 日，湖北文艺界的老友骆文和夫人王淑耘来访。骆文先生是著名诗人，淑耘夫人是《长江文艺》的老编辑。五六十年代，千帆在武汉经常参加文艺界的活动，与他们二位过从甚密。

"文革"期间，千帆又与骆文同在湖北沙洋放牛，一放就是七、八年，壮牛垂垂老矣，千帆曾写过一首《破角诗》，赞美和哀叹他放牧过的一头老牛。牛老一月，人老一年，当时他们虽然年过花甲，但是都没有消沉。这次重新见面，更是耄耋之年，而骆文却对千帆说："我们已到生命落花期，然仍有现蕾之情。"大家都会心地笑了。

曾卓夫妇（左）与千帆夫妇

左起:陶芸、刘梦溪、陈祖芬、程千帆

左起:王淑耘、程千帆、陶芸、骆文

27 | 扶上马送一程

1989 年,千帆正式退休,他给校党委写了一封言辞恳切的信,表示自己高高兴兴地让路,并在退休之后,还要为学校做三件事:

第一件事,是为前妻沈祖棻设立一个奖学金,从他整理出版的祖棻遗稿的稿费中取出一万元,为南大中文系本科生设立了"沈祖棻奖学金"。并赠送《沈祖棻创作选集》(人民文学出版社)一百本,题词盖章留念,作为奖品分赠给历届得奖学生。

第二件事,是将家中保存的字画捐献给国家。千帆家学渊源,诗书传代,自祖上就收集了不少名家珍品。可惜其中许多丢失在抗战和"文革"时期。余下者,千帆将其分别捐给了江西、四川两省博物馆以及湖南岳麓书院。另外有

千帆参观捐赠书画展出时签名

几十件,属当年中央大学、金陵大学的师友送给千帆夫妇的作品,全部捐给了南京大学图书馆。

第三件事,千帆希望继续担任在校弟子们的指导老师,他经常说的就是,"扶上马还须送一程"。对于他所钟爱的学生,尽管他的体力不断衰退,视力听力不断下降,却心甘情愿永远付出,无怨无悔。

1990年6月23日,南大举行了三十八件书画作品的交接仪式,同时举办捐赠书画之展览。

其中,《豁蒙楼联句》系1929年冬日,中央大学文学院黄侃、陈伯弢、王伯沆、胡翔冬、胡小石、汪辟疆、王晓湘诸位先生聚会南京鸡鸣寺,面湖畅饮,联句唱和即兴之作。当时七位先生每人一句,拿起寺中一支秃笔挥就。此件本来保存在黄侃先生手中,后传给其侄子——武汉大学语言学教授黄焯,黄又转赠祖棻,此后一直保存在千帆夫妇手中。此文物对于南京大学有着相当的历史意义和价值,被南大图书馆副馆长史梅称之为"镇馆之宝"。

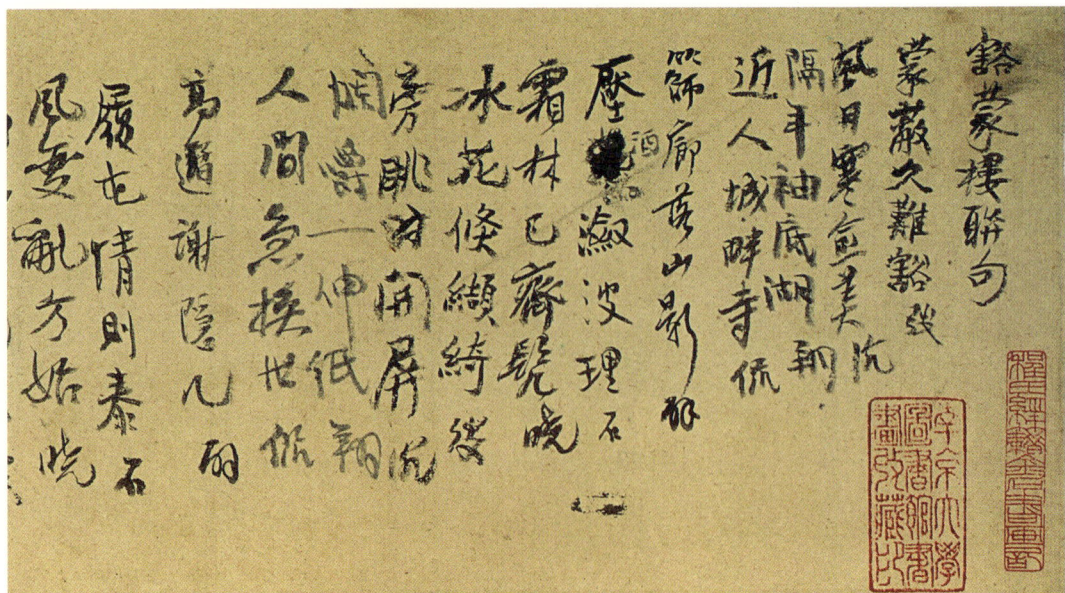

捐赠品之一——《豁蒙楼联句》(部分)

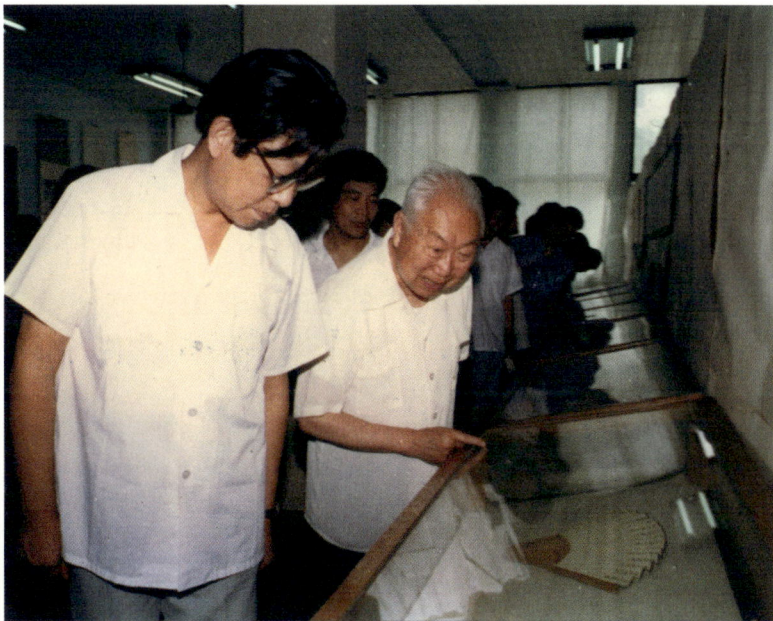

参观展出。前面第一
人为当时的副校长董健,千
帆身后是徐有富

1992 年 6 月 10 日,千帆与首届沈祖棻奖学金获得者合影。右一为赵宪章,时任中文系分管科研、研
究生的副主任

　　千帆一生中除了当教授的"野心"之外，他付出最多的，让他最恋恋不舍的就是他的学生们了。越是到了老年这份情感越是突显，以至于在临终前的昏迷状态中，他还在呼叫学生的名字，还在说"我对不起老师，对不起学生"。

　　作为一个优秀的教师，他给予学生的不仅仅是平生所学，还有对其思想和生活甚至家庭的极大关心，对他们的教育体现在人生的方方面面，如果你看了《闲堂书简》，就一定会对此有深刻体会。

　　无论是抗战时期教过的白头学生，还是 1957 年反右以后患难与共的老学生，以及改革开放后毕尽平生之力带出来的硕士生、博士生……他们都对千帆这位老师怀有极其深厚的感激之情，并以老师为榜样，在各自的岗位上取得了骄人的成就。尤其是千帆晚年在南京大学带出来的一批学生由于所处时代、学术环境、年龄等优势，成就更胜于他们的学兄，令当代学术界瞩目，被同行称之为"程门弟子"。

张辉等五人是千帆亲自参与教学指导的最后一批硕士研究生。这是 1986 年 6 月，答辩会后，他们与指导小组的导师们合影
前排导师左起：吴新雷、周勋初、卞孝萱、程千帆、郭维森、吴翠芬
后排学生左起：张辉、程章灿、李立扑、严杰、景凯旋

1993 年 6 月，与学生们的娃娃合影。左起：陶芸、张博（张伯伟之子）、莫杞（莫砺锋之女）、程千帆、张津（张宏生之子）

1999 年 6 月，千帆兴致勃勃参观弟子张宏生的新居。左起：张春晓、陶芸、张宏生、周勋初、周夫人、程丽则、程千帆

1999 年 8 月，张伯伟记录老师口述生平学术回忆

1999 年 11 月，弟子徐有富（前右）率研究生前来探望。后排左起：张维、刘雨婷、徐雁平

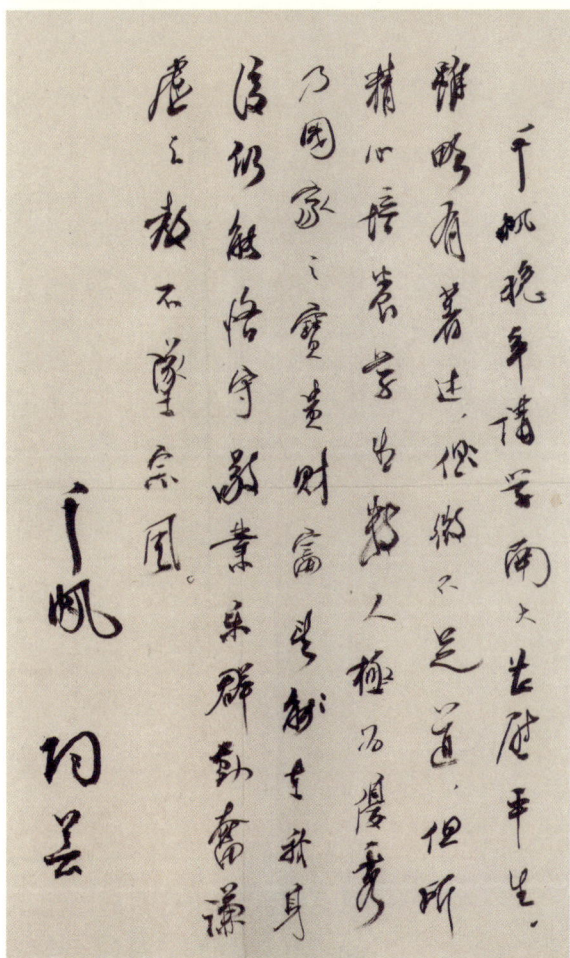

1996 年，千帆手书遗嘱中对弟子们的嘱托。盛赞他们"极为优秀，乃国家之宝贵财富"，寄望他们在其身后"仍能恪守敬业、乐群、勤奋、谦虚之教，不坠宗风"

28 喜庆八十诞辰

　　自 1978 年来到南京大学，千帆努力工作，要将失去的二十年时间抢回来。不知不觉中，他已是八十初度。

　　1992 年 9 月，南京大学校领导和中文系同仁为他开会庆祝。前来祝寿的有在全国各地工作的老学生、新学生，也有其他高校的老朋友。

　　学生们为千帆出了一本《八十寿辰纪念文集》，让千帆自觉非常感愧。

万业馨为千帆请来名画
家陈大羽所作寿桃一幅

千帆在祝寿会上讲话

庆祝会场上，左起：章培恒、叶子铭、韩星臣、匡亚明、程千帆

承江苏省昆剧院的盛情，为庆祝千帆的生日，特受邀来到南京大学礼堂为师生们演出昆剧折子戏数出。演出后千帆走上舞台，与演员们握手致谢，并祝贺他们演出成功

师生合影。博士生左起：陈书禄、蒋寅、巩本栋、程章灿、张伯伟、莫砺锋、曾广开、曹虹、张宏生、姚继舜、王青

　　千帆来到南京大学二十年，在教学科研、教书育人方面做出了很大贡献。

　　尤其让他感到骄傲和欣慰的是为学校为国家培养了一批高水平的学生。这些硕士、博士继承了老师的精神，敬业、乐群、勤奋、谦虚，严于律己，努力向上，在不同的岗位上做出了各自的成就，陆续成为中青年骨干及学科带头人。

　　八十诞辰庆祝会后，千帆和周勋初与培养指导的十一位博士，师生共影。当时除蒋寅在中国社会科学院任研究员，姚继舜在江西人民出版社任职外，其余九人均在各高校任教授或副教授。

29

闻多素心人
乐与数晨夕

1995 年 5 月, 千帆签名赠书青年学子

千帆关爱青年学子有口皆碑。

南京大学中文系学生深知除勤奋学习外, 还需在实践中逐步提高。因此 1992 年级学生组织了文学沙龙, 时常聚会, 座谈读书心得和创作体会, 并请各位教授讲述和指导。

1996 年 9 月新学期伊始，中文系古代文学学科成立了读书会，旨在推进读书人之间真诚平等的学术对话。且根据陶渊明"闻多素心人，乐与数晨夕"、"奇文共欣赏，疑义相与析"的诗意，取名为"素心会"。

千帆一贯积极支持青年学者的向学举动，此次亦不例外。他受邀在 10 月 12 日担当了第二讲的主讲人，讲述了"漫说研究古代文学的基本方法——两点论"。在报告中，运用唯物辩证法提出研究工作中理论指导和材料考证结合的重要性，以漫谈的方式将严谨的话题讲得生动有趣，会场十分活跃，在座的师生都深感获益匪浅。

1997 年 10 月，千帆的小外孙女，在南大法学院读书的小燕获得奖学金，喜报外公的同时，谈及现在学生获奖金后，被大家要求不得不请客，已然成风。说者无意，听者有心，千帆意识到此风不可长。他立即给当时南京大学的校长蒋树声、书记韩星臣写信，提出自己的忧虑和看法，希望领导加强关心和引导。此信得到校领导们的高度重视，当即批示要求各部门采取措施，并在全校展开相关讨论。

此事经《扬子晚报》报道，不仅在各高校大学生中引起强烈反应，许多中学生也纷纷表达了自己的深切感受。

千帆退休后，他不仅将自家珍藏的书画分赠给江西、四川博物馆，湖南岳麓书院及南京大学图书馆，而且将自己的藏书也分赠门下弟子，其中大部分书送给了由匡亚明主持的南京大学思想家研究中心，还有一些非古代文学专业的书，他根据各人的研究方向，主动送给了其他专业的青年教师。

1997 年 11 月 2 日，《扬子晚报》的通讯报道

　　1995 年 5 月 22 日座谈会后,千帆与部分本科学生合影。左起:顾钱江、吴志进、刘强、刘重喜、袁建阳、徐明祥、程千帆、千帆的外孙女张春晓(亦同为 1992 级学生)

1996 年 10 月 12 日,千帆在素心会上发言

30 "感谢匡老给了我二十年学术生命"

匡亚明(1906—1996),江苏丹阳人。1924年参加革命。

解放后,匡亚明历任华东政治研究院、吉林大学、南京大学的党委书记兼校长。1982年起为南京大学名誉校长。

1992年1月24日,江泽民视察南京大学,接见部分老师。千帆(前排左二)恰与匡亚明(前排左一)坐在一起。这张照片的发现是丽则在努力寻找中的意外收获

1992 年 9 月，千帆在八十华诞庆祝会上与校长、书记交流。左起：韩星臣、匡亚明、程千帆

1991 年被任命为国家古籍整理出版规划小组组长。晚年主持编写了大型丛书《中国思想家评传》。

1975 年，千帆戴了十八年的右派帽子摘除，从右派提高到摘帽右派，很快"奉命退休"，工资关系即刻转到街道，每月领取退休金四十九元。

四凶既已下台，春风渐暖神州大地，昔日的同窗好友觉得不能让千帆继续以街道居民的身份蛰伏民间。于是，殷孟伦、徐复、洪诚趁在苏州开会聚头时共商此事，决定由洪诚回去向学校推荐。此时匡亚明刚刚复出，重任南京大学党委书记兼校长，面对大学校园百废待兴的局面，他求贤若渴，立即派中文系主任叶子铭前往武汉，颇费周折找到小渔村附近的武汉大学九区 30 号。叶子铭见到千帆，转达了匡校长的邀请，并问询有何条件与要求，千帆简洁干脆地回答：我没有什么条件，我要工作，要为人民服务，这就是条件。

改革开放之初，"左"倾余毒依然猖獗，但由于匡亚明迅速拍板，千帆得以在不办任何手续的情况下，直接来到南京大学工作，并恢复教授待遇。

　　同时被引进的还有在武大被错划为"右派"、"历史反革命"的张月超教授，以及"叛徒"——著名的戏剧家陈白尘。正是匡校长这样的过人胆识，使得千帆与陈白尘这样的点点劫后火种，能够在南京大学熊熊燃烧起来。

　　匡亚明与千帆一直保持相互尊重相互欣赏的君子之交，千帆感慨自己的许多想法和建议都是通过匡校长的支持得以实现的，千帆由衷佩服"匡老不愧是个大人物，是个有气魄的人，是个能用人的人"。

　　匡老去世的前两天，千帆到医院探望，他对匡夫人动情地说："是匡老给了我二十年的学术生命，我终生感激他老人家。"这是一直藏在千帆心里多年的一句话。古人云："世有伯乐，然后有千里马；千里马常有，伯乐不常有。"若非匡亚明当时的远见和魄力，千帆和南京大学古代文学学科是否有后来之辉煌，真的不可预测了。

　　千帆与匡老共事南大十多年间，无论为公因私，他们都有往来，可是让丽则深感遗憾的是，翻找了千帆留下的两千多张照片，也麻烦了学校档案馆，依然没有找到一张两个人的合影。

匡亚明给千帆信件手迹

31 灵芬奇采　炳耀千秋

1977 年由武汉汽标厂工友出力修建的墓及墓碑，后方为千帆父亲程穆庵之墓

1984 年 3 月，由湖北大学周勃等出面重修的墓碑，千帆和外孙女小燕

1977 年 6 月 27 日，千帆和祖棻带着外孙女早早结束了东游之行，乘江轮回到武汉。由于当时交通极为不便，他们乘坐了一辆机动小三轮车，从汉口码头往珞珈山。不料回家途中，坡陡路窄，迎面来车，避让之下发生车祸，祖棻不幸遇难，千帆手臂骨折。

当时极"左"路线流毒深广，单位领导对于这场飞来横祸，对于千帆这位受伤的"摘帽右派"和祖棻这位去世的"右派家属"，以及千帆全家陷入的极度悲伤，没有丝毫的关心和帮助。

车祸发生在离家三百米的武大印刷厂大门前，当时就有厂里的工人出来相助。其中恰有千帆家的邻居，立即打电话到中文系，那天系里又恰有相关人员在开会，可是面对一个熟悉的生命的瞬间垂危，居然有领导发话："这个人已经退休了，我们不管！"

至爱亲人在临终时刻所遭受的冷漠与蔑视，是任何人都永远无法抹平的心灵伤痕。

武大除了善良的工人邻居们伸手援助，只有少数昔日的同事前来慰问。

幸而女儿、女婿所在单位——武汉汽车标准件厂的车间领导和工友们没有理会所谓立场之嫌，一批批前来慰问，到殡仪馆参加遗体告别。之后又鼎力相助，冒着酷暑，将红砖、水泥等运到远郊墓地，背上山坡，为祖棻砌了一个小小的坟墓，立了一块简易的墓碑，才使她魂有所归。

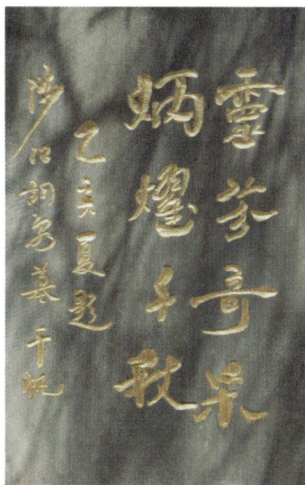

千帆书写的祖棻碑阴

1995 年迁坟后，千帆书写的祖棻墓碑

1984 年，由千帆的老学生，湖北大学中文系教授周勃等人出面，修葺了祖棻的坟墓，重立了墓碑。

1995 年，武汉市石门峰公墓进行统一调整规划，祖棻的骨灰由千帆在武汉的妹妹程小佳夫妇出面出力，重新安置在石门峰福海园山坡的高处，面对一片开阔的远山近水。墓碑及碑阴由千帆手书。

翌年 5 月，千帆携家人、老学生在潇潇春雨中再度去看望了这位杰出的才女和一代词人。

1999 年，在编写本书初稿时，千帆无限感慨："我今年已八十有六，来日无多，除要外孙女张春晓代我编成《沈祖棻文集》四卷（河北教育出版社）之外，也不能再为她做些什么了。但我深信祖棻那明净的心灵之光将透过她所留下的文字映照着后人的灵魂，给人以永久的启迪。正如我在她的墓碑背面所题碑阴：灵芬奇采，炳耀千秋。"

1996 年 5 月，千帆为祖棻扫墓，后撑伞者为老学生吴志达

32 | 永抱遗编泣断弦

祖棻辞世周年，千帆填《鹧鸪天》两首，寄托了自己无限的怀念与伤痛。其中一首这样写道：

燕子辞巢又一年，东湖依旧柳烘烟。春风重到衡门下，人自单栖月自圆。

红缓带，绿题笺。深恩薄怨总相怜。难偿憔悴梅边泪，永抱遗编泣断弦。

作为情深意重的四十年患难夫妻、文章知己，祖棻的骤然离世，给千帆带来无法弥补的巨大伤痛，整理祖棻的遗著使之出版，传世扬名，成为千帆当时最大的心愿，因为只有这样才是对亡妻最有价值的回报和纪念。

1977年秋天的时候，他在给老学生杨翊强的信中这样写道："我现在手已基本好了，正在尽力整理逝者的遗著。如果不及时搞出来，我一归天，就必然淹没。如果我将来去见上帝，看见她坐在旁边吃糖果，如海涅所说的，怎样向她交代呢？这是伤心话，不是玩笑。"

带着身心的伤痛，夜以继日，暑寒交替，千帆用一年的时间陆续完成了各项整理，同时积极联系出版事宜。1978年，涉江诗词首先在老友孙望夫妇及赵国璋的帮助下，以自费油印的形式出版了。

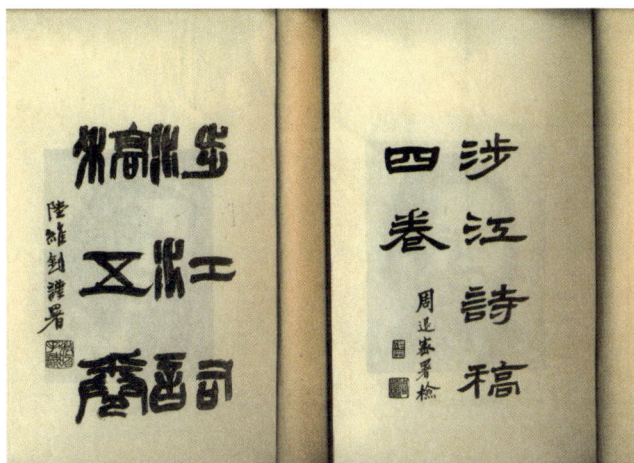

油印本扉页

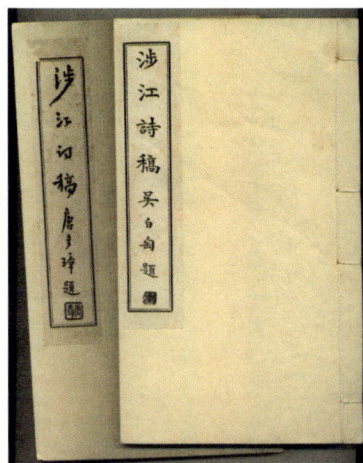

1978年，涉江诗、词油印本

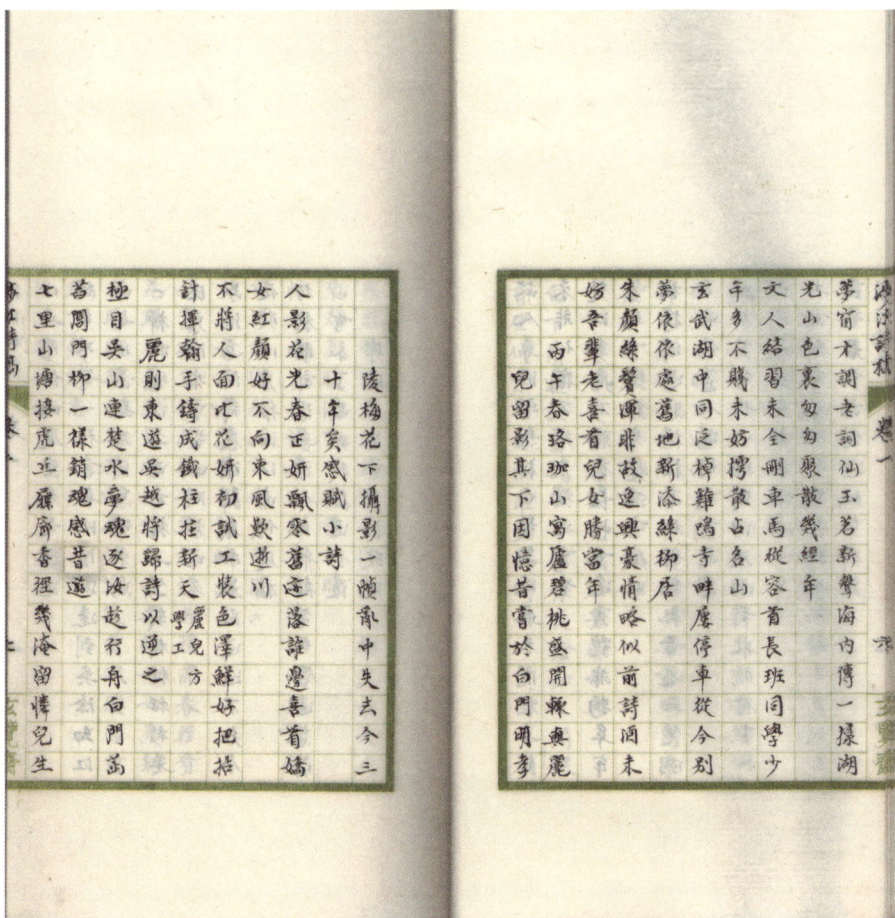

祖棻去世
一月后，千帆
带着身心的伤
痛，开始抄录
涉江诗稿

1994 年，千帆笺注的《沈祖棻诗词集》由江苏古籍出版社出版

不久，千帆给女儿丽则的信中写道："妈妈的诗词发出后（只是国内）收到如雪片一般的回信，赞扬满口，更使人感到难过。但无论如何，印出就不至埋没了。""南大副校长范存忠也回了信，对妈妈评价极高，认为'有奔放的热情，飞腾的想象'。想来还会收到更多的信，更使我难过。"

随着改革开放的步伐，文化出版事业也得以重振，由于千帆的及时整理，祖棻的多部遗著在 1980 至 1985 年间陆续出版，好评如潮。尤其是由祖棻当年的授课讲稿整理成书的《宋词赏析》，以其诗人独特的视觉、体味，对宋词所进行的精辟独到、深入浅出的分析，在众多的赏析类书籍中获得了长久的生命力，无论是专家学者，还是普通读者，一致赞不绝口。

2004 年，祖棻去世近三十年，中华书局、江苏凤凰、长江文艺、岳麓书院四个有实力有口碑的出版社，争相要求出版此书，其影响力可见一斑。作为一部严谨的学术著作，印数达到近四十万册，也的确是可以令逝者欣慰了。

1994 年，江苏古籍出版社出版的《沈祖棻诗词集》，由千帆笺注，这也是对涉江诗词的另一种补充和完善。旧体

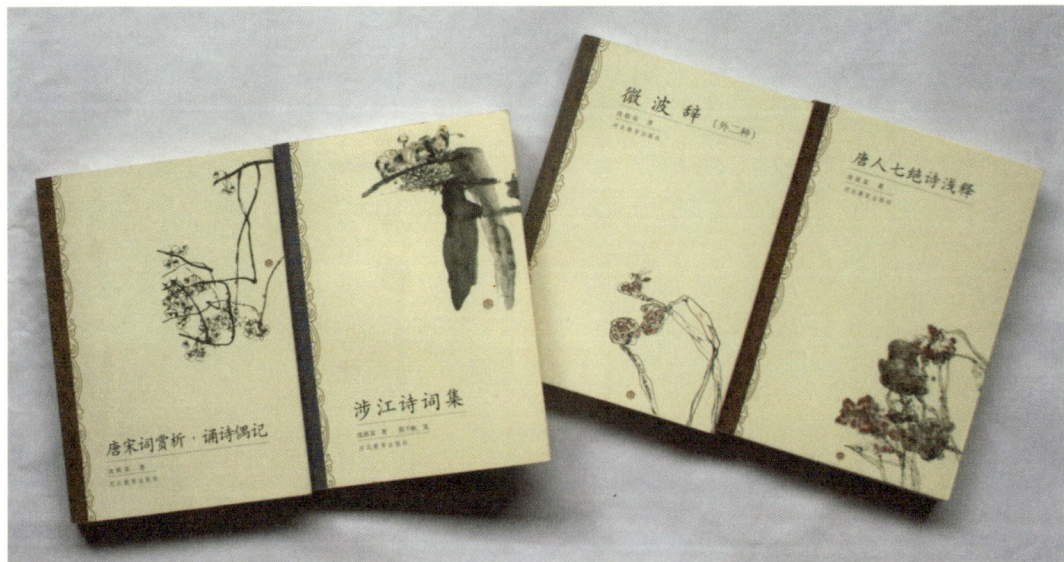

2000 年，河北教育出版社出版的《沈祖棻文集》四本

诗词言简意赅,内涵丰富,许多的隐意、典故,非当事者无以得知,千帆晚年的这一著述,对于涉江诗词本身的价值和读者都有着极大的意义,的确无愧于"前无古人的笺注"这一评价。

1997 年,河北教育出版社盛情为千帆、祖棻出版文集。

因年老体衰,遂请门人莫砺锋与之商谈并代为编辑。祖棻文集则交由外孙女张春晓编辑完成。原计划文集在1999 年出版,后由于出版社方面的原因,延至 2000 年秋冬方才面世。

二十余年岁月蹉跎,千帆的努力和心血没有白费,祖棻的珠玑之章在历史的浪花中闪闪发光。特别是 2002 年,祖棻的祖籍浙江海盐有一群热爱古典诗词的布衣之士,成立了"沈祖棻诗词研究会",以文会友,研究涉江诗词,学习和发扬传统文化,十年时间出版了会刊二十期。并于 2009年 4 月成功召开了沈祖棻百年诞辰纪念会,汇聚各地的学者和诗友,产生了相当的影响。

三十年间,不同出版社、不同版本的《宋词赏析》

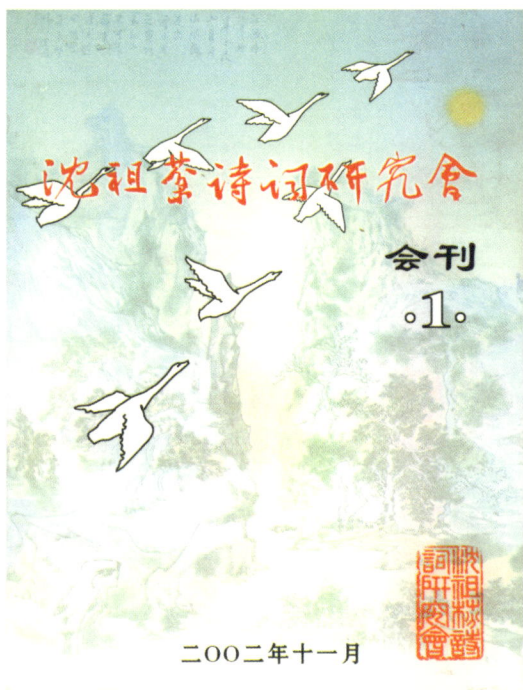

《沈祖棻诗词研究会会刊》第一期及第二十期

2009 年 4 月,浙江海盐召开沈祖棻百年诞辰纪念会会场

33 | 天伦之乐

　　千帆虽然终日忙于教学科研,没有很多的时间与家人娱乐闲聊,但他注重亲情,不放弃与家人聚会的机会。

　　千帆喜欢孩子,亦善于与孩子交流逗趣,不仅女儿自小得到他的万分喜爱,两个外孙女也都特别愿意与他一起玩耍。可是,工作第一已经成为千帆生活的常态,所以短暂

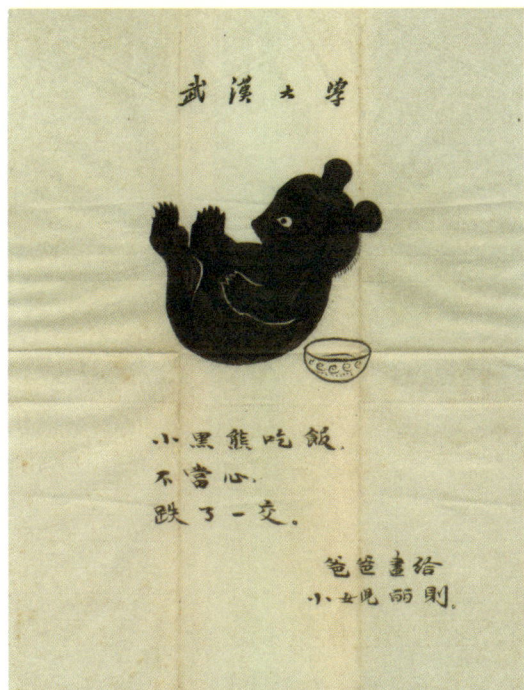

武漢大學

小黑熊吃飯,
不當心
跌了一交。

爸爸畫給
小女兒 麗則

五十年代,千帆为女儿画的小熊

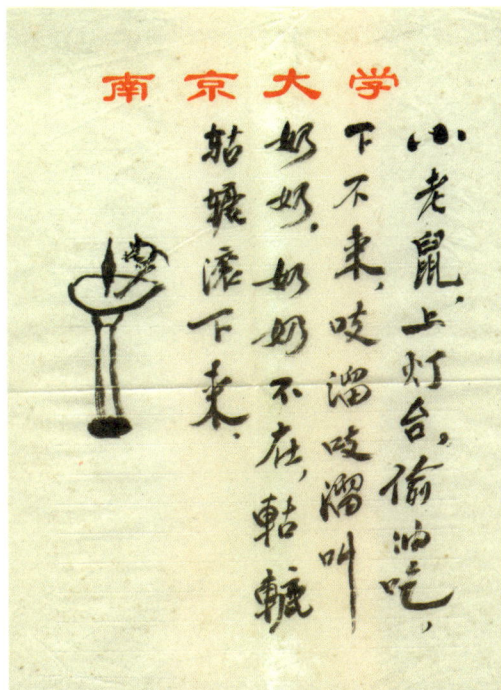

南京大学

小老鼠上灯台,偷油吃,
下不来吱溜吱溜叫
奶奶,奶奶不在,骷辘
骷辘滚下来。

八十年代,千帆为外孙女小燕所画"小老鼠上灯台"

1981年国庆节，千帆携全家游镇江。记得那时候，旅行社刚刚起步，一家人就尝了鲜

的嬉戏就显得尤为珍贵。

同时千帆也十分关心孩子们的健康成长，鼓励她们努力学习，做一个有用的人。一段时间里，还每周一次给她们讲解《论语》，有时教她们学写毛笔字，学作旧体诗。

外孙女小燕在幼儿园学会了画小鸡，千帆让她用银色的涂料在自己的手提公文包上涂鸦，有两年，千帆就经常拎着画了五只小鸡的手提包在校园里走来走去。

千帆曾经给孩子们制定了奖学金制度，除女儿丽则的两个孩子外，还有陶芸的两个儿子的四个孩子，当时有五人都在中学读书。根据期末考试成绩，奖金分为一、二、三等，由陶芸奶奶在假期中颁发，以资鼓励。这项措施一直执行到孩子们陆续考入大学。

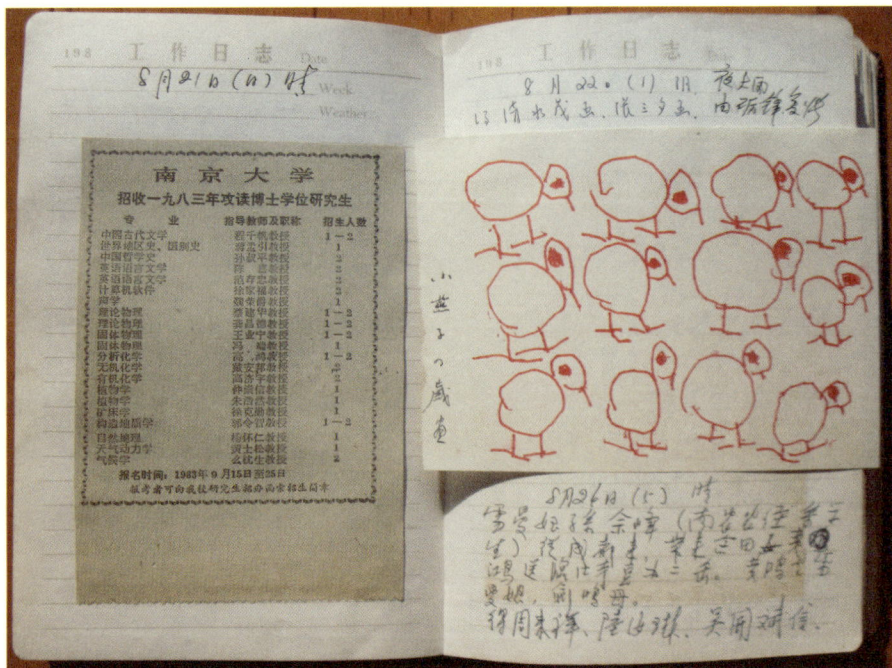

一直存留在千帆日记本里的小燕四岁时涂鸦之作

1983 年初夏一个周日，家人聚会，千帆一时兴起，与女婿张威克戏角腕力，虽不敌，亦尚能相持片刻

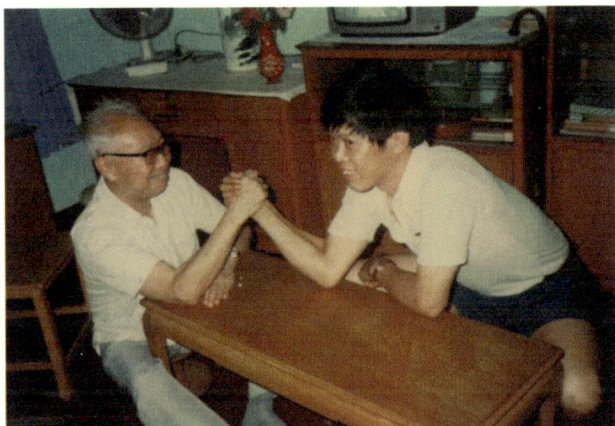

1983 年 11 月汉口路 52 号宅中，祖孙嬉戏图，小燕在幼儿园得了大红花

1989 年 4 月，早早、小燕与外公在清凉山

1994年2月12日，是外孙女早早
（张春晓）二十岁的生日。她自幼聪颖，
深得外祖母祖棻的钟爱，曾为其作《早
早诗》一首，堪称可传世之佳作。

1974 年 8 月，半岁的早早与外婆

早早于1974年出生，正值"文革"
时期。千帆远在距武汉两百多公里的
武汉大学沙洋分校劳动，牧牛养鸡，一
年之中难得回家一两次。女儿丽则夫
妇则在郊区工厂做工，两班、三班倒
换，交通不便，回家单程一趟就需一个
多小时。祖棻体弱多病，独居荒村，物
质匮乏精神苦闷，日子过得十分艰难。

1992 年 9 月 21 日，为外公送上生日贺卡

外孙女早早的诞生，为这个苦难
的家庭带来了欢乐，也成为祖棻当时
的精神寄托。

《早早诗》的诞生，则是祖棻以外
婆的深沉之爱，诗人的灵心慧性、生花
妙笔写出的一篇佳作，也是女儿丽则
要求和催促的结果。这篇诗作极其生
动而又真实地描绘了一个两岁多的孩
子的日常生活和她眼睛里的世界，其
成就可谓比左思的《娇女诗》、李商隐
的《娇儿诗》有胜之而无不及。

早早二十岁，就读于南京大学中文系二年级

因此这首诗得到了朱光潜、荒芜、
舒芜等诸多专家学者的高度评价和关注。

家家（湖北方言中外祖母之称呼）在世时，"左"倾路线的长期泛滥，"文化大革命"的
疯狂颠覆，她真是很难料想知识分子何时有出头之日。她在诗中结尾部分描述的是，一个
才华横溢的高级知识分子对后代前程彻底绝望之后的期待，读之令人心碎。

然而时光荏苒，随着"文革"结束，春风涤荡，1989年，早早以高出录取线三十多分的
优异成绩考入金陵中学高中部，成为外公的校友，随后又考入南京大学中文系，再次成为
外公、外婆的系友。免试攻读硕士学位，获得复旦大学博士学位……

这一切，慈祥的外婆在天堂应该含笑有知吧？！

1996 年，早早出版的第一部长篇小说《风雨情缘》

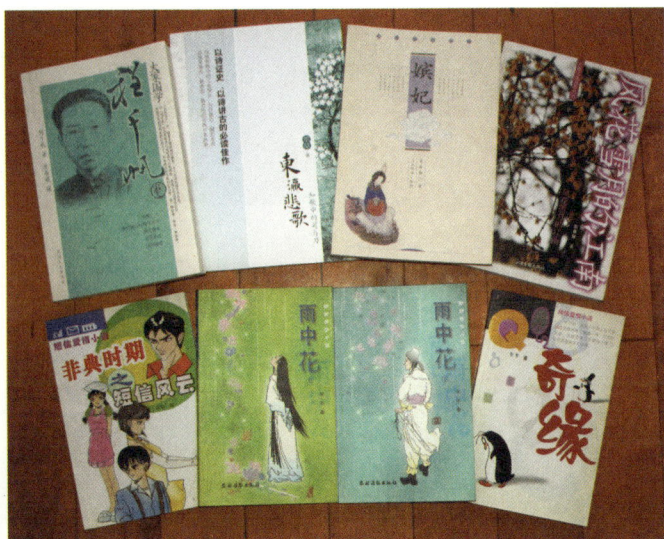

2002—2009 年间，早早的著作书影

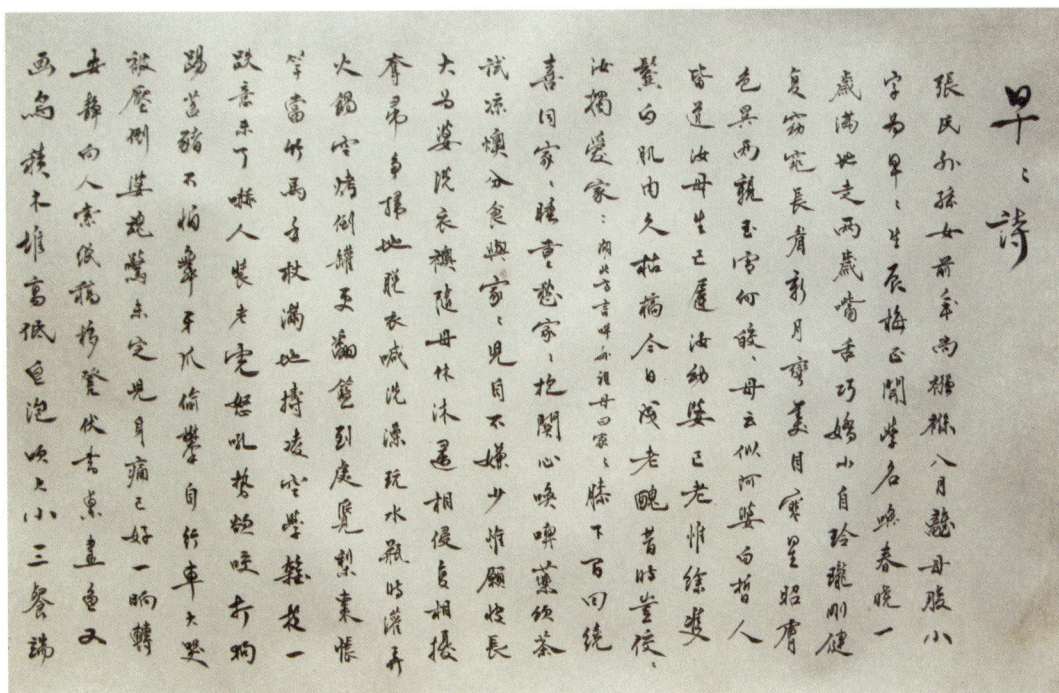

千帆书《早早诗》（部分）

1999 年 6 月,早早与同属中文系硕士研究生郭斌结婚。两人均已获得硕士学位,郭斌应聘去广州羊城晚报社工作,早早已被复旦大学中文系录取为博士研究生。

在结婚家宴上,外公和陶芸奶奶衷心希望他们在各自的岗位上好好工作,发奋学习,为 21 世纪祖国的发展尽力。

接受二老的祝福

新婚夫妇在简朴的结婚家宴上

6 月 19 日,亲家相会,外孙女婿郭斌的父母自徐州来宁一聚。左起:郭广德、陶芸、郭斌、程千帆、张春晓(早早)、田祥玲

　　1998年1月，千帆的次外孙女程雨燕满二十岁，全家在肯德基餐厅聚会祝其生日。当时她就读南京大学法学院二年级。千帆认为小燕"从小读书勤奋，能思考问题，不懂即问，搞通为止。学习比较深入"，并寄望她毕业后仍保持深入研究的精神，在工作中作出优秀的成绩。

　　值得告慰外公在天之灵的是，小燕于2003年获得了南京大学硕士学位，2009年获得了武汉大学法学博士学位。尤其是她工作后作为教师的授课能力得到了各类学生的普遍赞誉。

与肯德基老爷爷合影。左起：程千帆、程雨燕、陶芸、张春晓

好吃！

五十二载父女情深。1999 年 12 月 30 日,千帆
生前与爱女丽则的最后一张合影

2003 年 6 月,小燕戴上了硕士帽,家人在南大
校园合影。左起:张春晓、张威克、程丽则、程雨燕

34 | 怡情家中小花园

千帆、陶芸重组家庭,二十年来相濡以沫,和谐平静。儿孙们也敬老爱幼,工作之余,经常看望老人,为他们解决一些日常生活中的小问题。每逢节假日,各个小家庭会团聚在一起,老少十几口人,欢声笑语其乐也融融。

1994 年 11 月,陶芸八十寿辰,长子苏天纵、次子苏天渝、女儿程丽则共三家及居住在美国之长女苏天眉之子媳和孙女等均来祝寿,四代欢聚一堂。

其时秋光正妍,小园中菊花盛开。

女儿丽则一家与二老

大家庭合影

1998 年夏,小院赏竹

　　1993 年 9 月底,千帆由原住所汉口路 52 号搬进新家南秀村 25 号一楼,宅内有一所小院子。

　　千帆喜欢看见满眼的青翠之色,他特地请了学校的园艺工人来帮助打理这个小院子。经过几年的经营,略具小小规模:有翠竹、绿篱、腊梅、玉桂、石榴、松柏、棕榈等树木,又有芍药、月季、栀子等花卉,还有易生易长的虞美人、一串红等草花。

　　清晨傍晚,工作之余,二老散步庭园,亦或煮茗读书,颇为惬意。每有客人来访,千帆必热情介绍这座赏心悦目、绿绿红红的小花园。

　　千帆曾有仿汉俳体小诗吟咏庭中草木:

　　　　　　彤彤一串红,新来怒放小庭中,不管风和雨。

　　　　　　夜色耿星河,飘然梧叶下高柯,树老得秋多。

　　　　　　太阳花七色,朝霞夕照随开合,娇颜长不得。

　　　　　　几簇翠琅玕,留伴孤松老岁寒,叔夜七不堪。

1997 年 5 月，姹
紫嫣红，芍药和虞美人
竞放

1998 年 4 月，春色融融

1999 年秋冬，夕阳无限好……

35 | 任职省文史馆馆长

千帆一生埋首问学，无暇名利，最大的"野心"就是"当一名教授"。

改革开放后来到南京，他除了全心全意当好教授外，为了回报学校、社会，也必须承担一定的社会工作，例如省政协委员、市文协主席、市文联副主席、名誉主席，诸多学会的会长、理事、校、系的学术会委员等等。

其中，曾受江苏省政府委派，任职江苏省文史研究馆馆长十六年。

文史馆长一职，政府历来选派高校有名望的文科教授担任，在没有特殊情况下，一般都是终身制。前馆长陈中凡教授1983年以九十高龄去世后，此职位即由千帆担任。1999年，千帆自觉年老体衰，耳聋目瞽，不能继续胜任工作，主动提出辞职，并推荐南大中文系教授周勋初继任，在上级部门安排下，千帆改就名誉馆长。

这是自1953年成立文史馆以来，唯一的名誉馆长，也是历任五位馆长中唯一自动要求辞职的，由此可见千帆不计名利，谦虚让贤的一贯作风。

1987年5月9日，千帆在文史馆十名馆员被评为"健康老人"的祝寿会上发言

1994 年 9 月，参加文史馆欢度中秋、迎接国庆茶话会

1998 年 9 月 29 日，在省政府参事、省文史馆员聘任仪式暨国庆茶话会上发言，右为副省长俞兴德

1998 年 4 月在家中小院

1998 年 6 月在家中书房

36 | 中文系颁奖大会

1999 年 12 月 30 日，对于南京大学中文系来说，是一个值得记住的日子。

当天的下午三点钟，在文科楼六楼的系报告厅召开了一次特别的表彰大会，为四位优秀学科带头人颁奖，表彰他们为本学科所做出的贡献和成就。因为这样的举动是中文系历史上的第一次，所以显得特别有意义。

受到表彰的是千帆及周勋初、叶子铭、董健四位教授。全系教师出席会议，会上校、系领导讲话，校长、系主任颁发奖牌，学生献花，受奖人发表获奖感言。

整个会场气氛热烈，与会者深受教育，对全系学科发展起到了极大的推动作用。

蒋树声校长（右）为千帆颁奖

千帆发表获奖感言

1999 年 12 月 30 日,在南秀村家中所摄

四位受奖者与校长合影。左起:董健、洪银兴
(副校长)、程千帆、蒋树声(校长)、周勋初、叶子铭

37 《中华大典·文学典》的编纂工作

　　《中华大典》是我国历代汉文古籍编纂的一部大型类书。对这部书的编纂,国家领导十分重视,1992 年经批准成立了工委会与编委会,正式开始全面运行。

　　《大典》共分二十四个典,《文学典》是其中之一,千帆接受了《文学典》主编的任务。

　　《文学典》于 1989 年开始试点工作,1993 年全面展开。分典中,《宋辽金元分典》和《隋唐五代分典》结项得较

1989 年 10 月 4 日,南京,《中华大典·文学典》第一次会议合影。前排左起:吴企明、郁贤皓、高纪言、程千帆、孙望、卞孝萱、吴文治、黄进德

早,《宋辽金元分典》于1999年秋率先出版,迎接建国五十周年大庆。

《中华大典·文学典》的两个分典——《魏晋南北朝》与《文学理论》于1997年4月在扬州大学召开启动会,确定了两个分典的主编和副主编,《大典》的主要负责人均到场。《魏晋南北朝分典》的主编是扬州大学黄进德,副主编是扬州大学顾农。《文学理论分典》的主编是南京大学张伯伟,副主编是南京大学的周维培和许结。三人都是南京大学中文系的中青年骨干。

1992年9月9日,北京京西宾馆。程千帆(前排右二)在《中华大典》工委会、编委会成立大会小组会上发言

1993年9月25日,苏州太湖西山,《文学典》工作会议合影。前排左三为千帆

1995 年 6 月在南京召开会议,研究《隋唐五代分典》的出版事宜。大典工委会、编委会领导大多前来参加了会议

左起:高纪言(《文学典》编辑出版负责人)、任继愈(编委会主任)、程千帆(编委会副主任兼《文学典》主编)、李彦(工委会主任)、伍杰（工委会副主任)、蒋迪安(江苏省出版局局长)、王建邦(江苏省委宣传部副部长)

1997 年 4 月,在扬州瘦西湖,千帆和《大典》编委会主任任继愈与年轻人的合影。左起:周维培、程千帆、任继愈、张伯伟、许结

1994 年 5 月,《中华大典》聘书

2000 年 5 月 13 日，由千帆总负责的中华大典《魏晋南北朝文学分典》、《文学理论分典》样稿论证会，在南京举行。

自千帆以近八十高龄领命主编《中华大典·文学典》以来，时光已匆匆过去了十一个年头，他和各位分典的主编、副主编，及所有参加工作的同仁们付出了艰辛的劳动。每一个分典的编写过程中都必须召开数次重大会议，启动会、样稿论证会以及审稿会等，至于其中的小会议就更多了。《魏晋南北朝文学分典》和《文学理论分典》的启动会是1997 年 4 月在扬州召开的，距 2000 年样稿论证会的召开也已经三年了。

2000 年 5 月 15 日，在大会主席台。左起：程千帆、任继愈

这两个分典是整个《文学典》中最后一批启动的，样稿论证会的召开，给两个分典工作的全面展开定下了明确规范和样本。作为《文学典》的主编，千帆在会上作了重要讲话，三天的会议以及学生、同行们的频繁拜访交谈，令他十分高兴又十分疲劳。就在会议结束的第三天即5 月 17 日清晨五点，他突发脑中风，经多方抢救无效，半个月后在南京脑科医院不幸逝世。

千帆自 1989 年退休之后，除了一如既往地帮助他的学生们走好走稳学术之路，补充出版自己的一些著作外，《中华大典》

与学生吴志达（右）、蒋寅（左）在会上

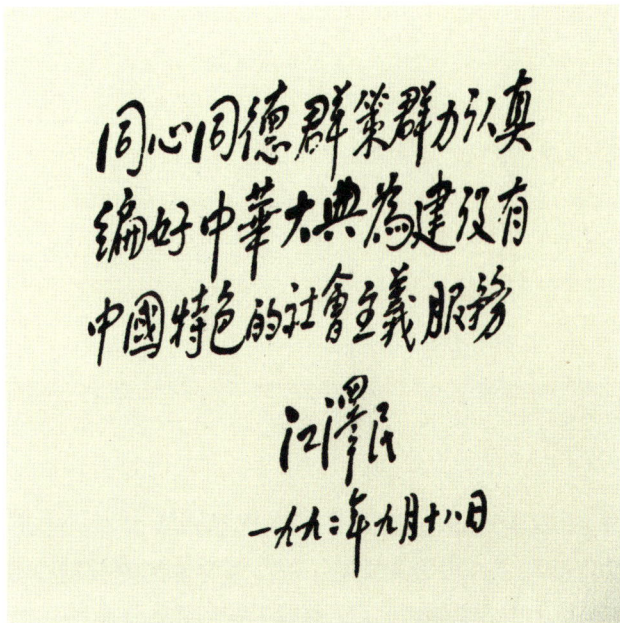

1992 年,江泽民为《中华大典》题词

《中华大典·文学典》于 2008 年出版完成,
共计 23 册,4500 万字

的工作占据了他晚年生活中的很大部分。

《文学典》从 1989 年开始试点,1993 年工作全面铺开,1999 年第一个分典出版,到 2008 年底 6 个分典全部出齐,共计 23 册,4500 万字,是一部中国古代文学的百科全书。

在出版完成的座谈会上,国家新闻出版总署署长柳斌杰高度评价《中华大典·文学典》的出版意义,认为这是继《中国大百科全书》、《辞海》、《马克思恩格斯文集》等之后出版界取得的又一个重大成果。凤凰出版传媒集团党委书记、董事长谭跃用四个"最"字概括《中华大典·文学典》在《中华大典》全部二十四个典的编纂出版工作中的特点:最先启动、最先出书、规模最大、困难最多。

二十年的工作可谓筚路蓝缕,历尽艰辛。千帆在领导《文学典》的编写工作中耗费了大量心血,作出了重要贡献。他掌控全局的指挥能力、清晰的思路、精辟的分析、准确的判断、果断的作风,都给参与工作的同仁留下了不可磨灭的深刻印象。

可以说,千帆是为《大典》工作燃尽了生命最后的火花。他虽然等不到《文学典》的全部出版,但是他参与和领导了所有六个分典的启动和样稿论证,确保了样板的产生,为工作的全面展开和最终完成奠定了必需的基础。

38 | 学术精神与世长存

2000 年 6 月 3 日，上午 10 时 45 分，千帆逝世于南京脑科医院，终年八十七岁。这是一个初夏的雨天。他本来是有信心庆祝自己八十八岁的米寿诞辰的，因为他的生日就在 9 月 21 日，不过是三个月的时间。他没想到，大家也没想到，《文学典》最后两个分典的样稿论证会让他的生命提前终止了。

他肯定是遗憾的，《文学典》还远远没有出齐，自己和祖棻的文集虽然已经在出版社陆续发排，却因故尚未成书，他还没有吃到米寿的生日蛋糕。去世前一个多月，4 月 11 日，他给吴志达的信中谈到"诸门弟子想出一九十寿辰论文集，亦不知残年能赶得上否？"……

他又是没什么可遗憾的，因为他已将自己生命的绝大部分奉献给了他所热爱的人与事——即教书育人和对中国古代文学的传承与研究，并且获得了学术界公认的成功和荣誉。他是一个品德高尚的人，是一个为了事业鞠躬尽瘁死而后已的人，是一个为了学生殚精竭虑呕心沥血的人，是一个以学术为第一生命的人。薪火相传，他的学术精神、道德文章将与世长存。

2000 年 6 月 3 日,讣告

设在南大文科楼中文系报告厅的灵堂

亲人与弟子在千帆遗像前留影。左起：蒋寅、徐兴无、张宏生、莫砺锋、史梅、程雨燕、程丽则、张春晓、曹虹、张伯伟、程章灿、巩本栋、陈书录、于景祥

南京大学浦口校区名人园，在千帆1997年4月手植的华山松前，亲人合影

2000 年 11 月 25 日,程千帆学术思想研讨会

2000 年 11 月 25 日,《程千帆全集》十五本终于在为其举行的追思会上与读者见面了

千帆是一个优秀的教师，又是一个优秀的学者。虽然他被迫中止了二十年的教学科研，浪费了学者生涯中最宝贵的中年时光，但他却在六十多岁以后，以健康和生命的代价与时间赛跑，取得了累累硕果。

据不完全统计，千帆一生共写出了专著 16 部，两人合著（含一部三人合著）12 部，编校类著作 10 部，主编《中国古代文学英华》和明清文学理论丛书，主编大型工具书《全清词·顺康卷》20 册，《中华大典·文学典》23 册。1979 年至 1994 年十五年间发表的学术论文及相关文章更是多达 80 余篇。

1939 年，千帆的第一部专著《目录学丛考》在上海中华书局出版，当时他二十六岁。《程千帆全集》以及他主编的两套大型丛书直至他身后才面世。在他的生命中，自己所能支配的时间已经和学术研究融为一体。

《程千帆选集》两卷（辽宁古籍出版社，1996 年）

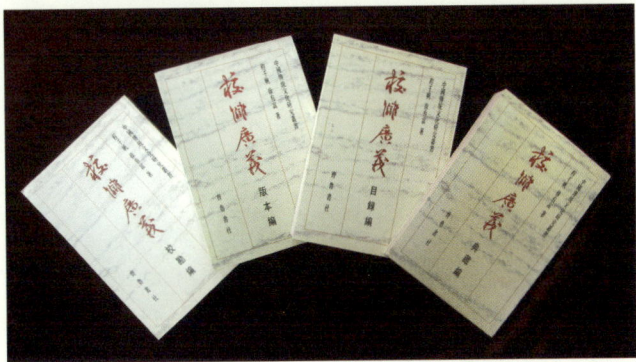

《校雠广义》四卷（齐鲁书社，1998 年）

《程千帆全集》(河北教育出版社,2000 年)

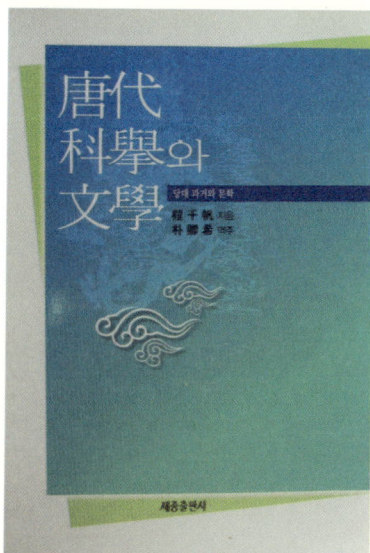

《唐代进士行卷与文学》(韩译本)

程千帆著作书影

《全清词·顺康卷》

清代词家词作数量之多远胜前代,仅其中《顺康卷》即三倍于《全宋词》。自 1983 年 4 月始,千帆作为《全清词》主编,带领清词室全体工作人员历经了许多艰难曲折,付出了大量心血。2002 年 5 月,当《全清词·顺康卷》二十册终于全部出版之日,千帆已匆匆离开人世两年矣

40 题签·题识

晚归楼词
廿六年春吴
程千帆署

千帆自幼为叔祖、伯父、父亲等书法名家研墨、牵纸，耳濡目染加严格训练之下，他也写得一手清秀飘逸的行楷。晚年在繁忙工作之余留下了不少墨宝。其书法另有专集出版，在此将他为自己和祖棻著作的题签择录如下：

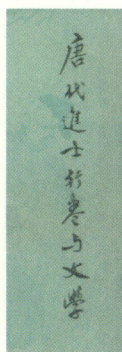

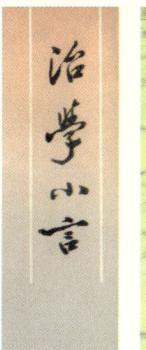

宋诗选

宋词赏析

唐人绝诗浅释

唐代进士行卷与文学

史通笺记

古诗今选

闲堂文薮

古诗考索

治学小言

校雠广义 版本编 上

程千帆选集

两宋文学史

题签

1993 年,千帆为支援匡亚明创办的"中国思想家研究中心",捐赠了自己的藏书 1663 种,其中包括线装书 73 种,并随赠大书橱三个。有的赠书上也留有千帆早年的题识。

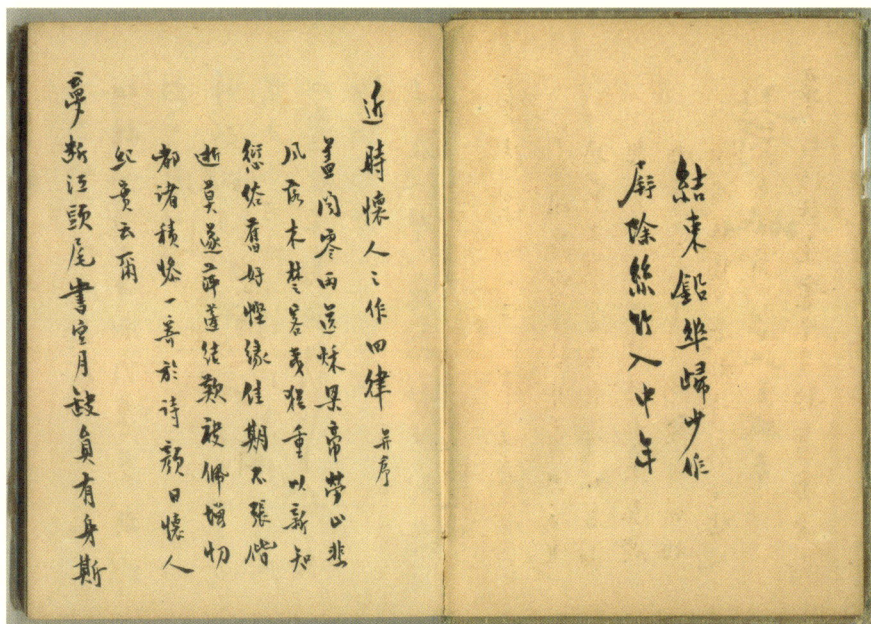

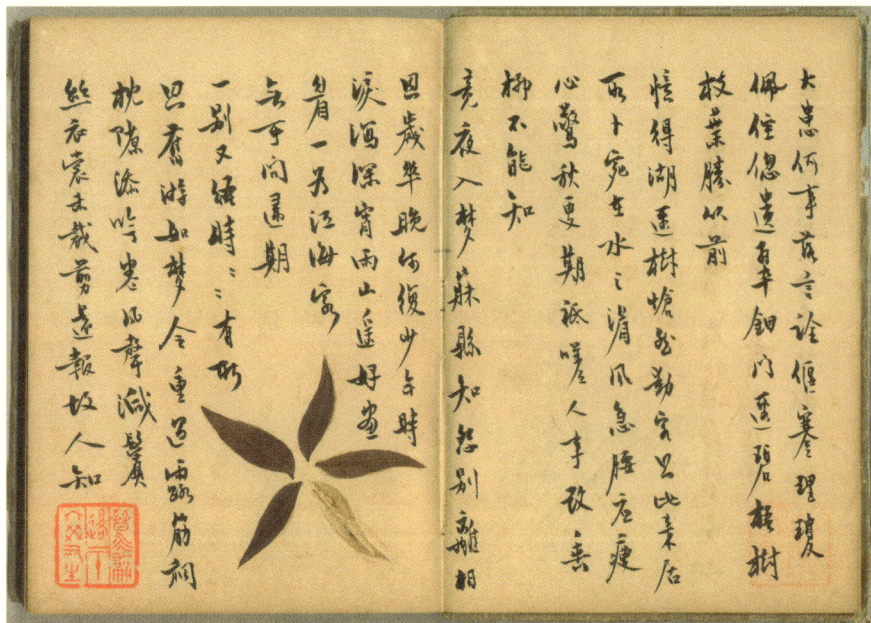

近時懷人之作四律

結束鉛華歸少作
屏除絲竹入中年

千帆在大学期间,与学友共创《诗帆》杂志。多年后,他"结束铅华归少作,屏除丝竹入中年",在《诗帆》合集本上留下了怀人之作四律

秦婦吟笺注

国学小丛书

秦婦吟箋注

商務印書館發行

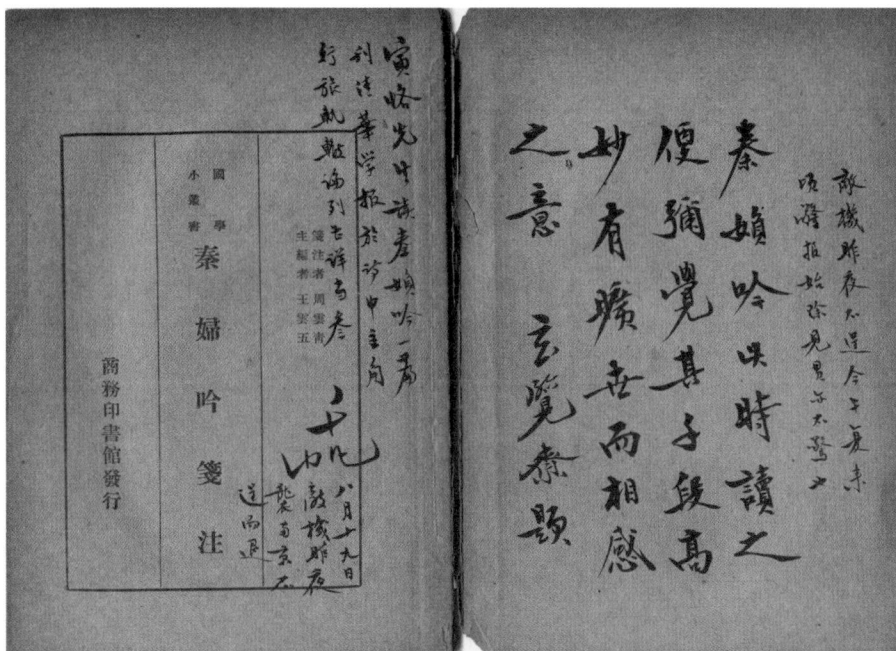

1937 年 8 月 19 日，题周青云《秦妇吟笺注》。注有"昨夜敌机袭南京，不逞而退"

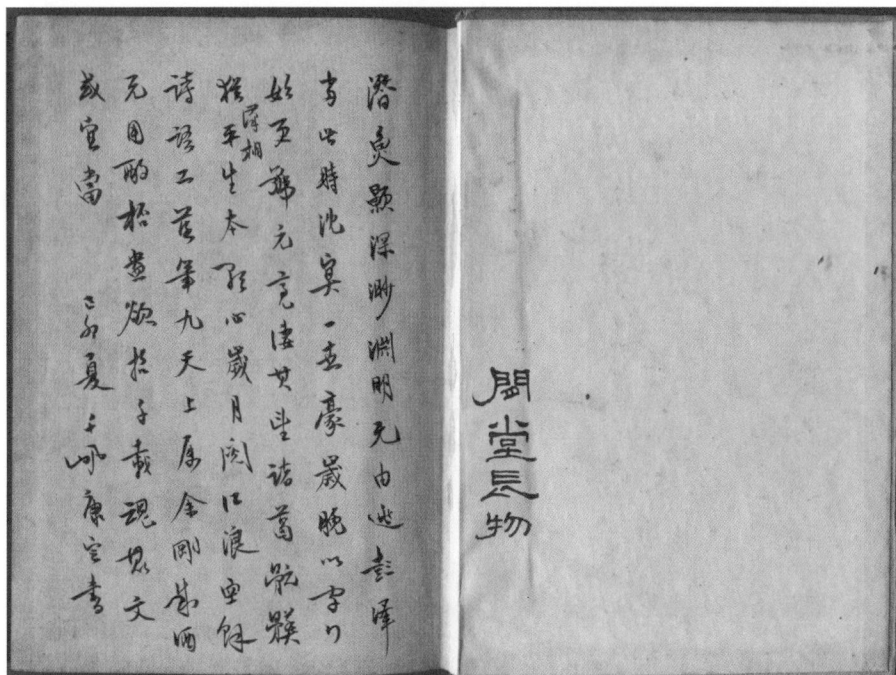

闲堂长物

1939 年夏于康定，题陶澍注《陶靖节集》诗一首

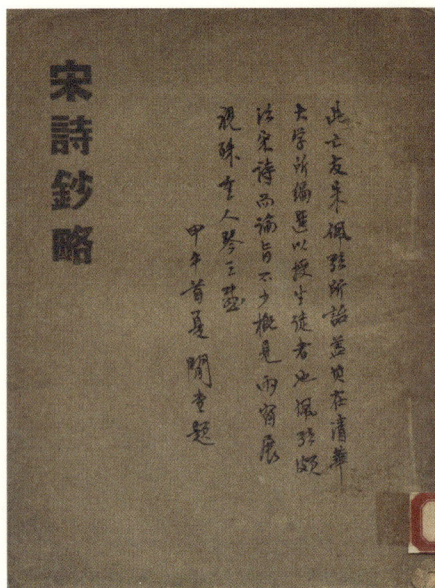

此亡友朱佩弦所詒 蓋渠在清華
大學所編選以授少徒者 此佩弦既
沒宋詩而論与予不少概见 师师間底
視珠重人琴之感
甲午首夏 閒堂題

宋詩鈔略

1954年首夏，题朱自清编
选《宋诗钞略》。思念亡友，"雨窗
展视,殊重人琴之感"

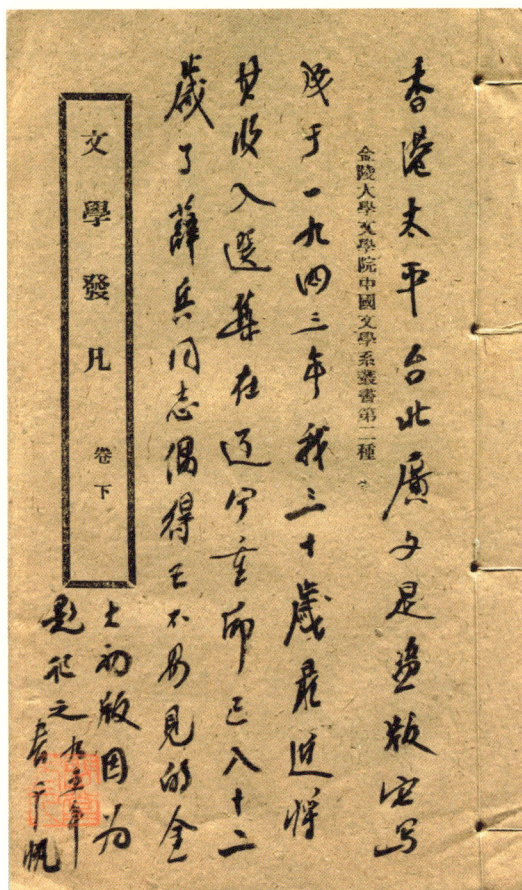

香港太平台此廣 子是逸版也予
晚于一九四三年我三十歲時进悍
其收入選奪在遼宁書师三八十二
歲了薛兵同志偶得玄不易见的全
上初版因為
远祉之乖在甲午
千帆

文學發凡 卷下

金陵大學文學院中國文學系叢書第二種

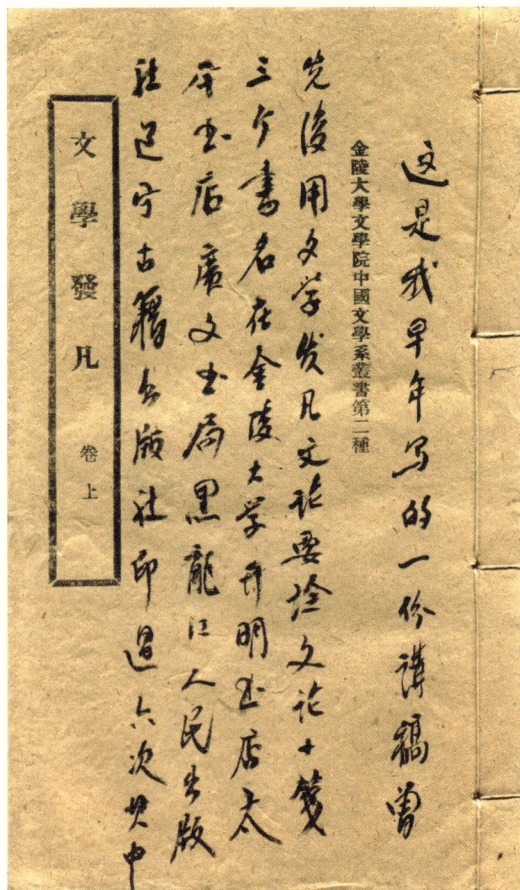

这是我早年写的一份讲稿當
先後用文学發凡文非要徑之花十篋
三今書名在金陵大學开明五店太
存玉后廣文書局思龍江人民出版
社迄宁古籍台版社印迤共次失中

文學發凡 卷上

金陵大學文學院中國文學系叢書第二種

1994年，江苏作家薛冰在南京古旧书店偶然淘得千帆的早年著作
《文学发凡》，系1943年8月成都刊本。千帆为之题识，简介此书五十二
年间六个版本之源流，十分有趣

后　记

　　父母离开人世已经许多许多年了,可是我知道他们从来不曾走远。无论是花蕾悄悄绽放的清晨,还是月光静静流淌的午夜,我总是期待梦境的来临,这是至爱亲人阴阳交会的最美场景,他们的音容笑貌,他们的体温气息,一如生前,伴随我温暖我……

　　1999年暮春,河北教育出版社准备为父亲出一本影集,父亲欣然同意,但因他和陶芸阿姨年事已高,便让我协助他们翻找照片,并为照片书写文字说明。同年夏天,任务如期完成,但出版一事却没了消息,最后也就不了了之。照片和文稿被我束之高阁,不知不觉春去秋来十几个年头过去了,我一直在等待着。

　　2011年6月,我参加了南京大学文学院古代文学教研室的专题会议,讨论为父亲在2013年举行百年诞辰纪念活动的诸多筹备工作,我手中的那些照片和文稿被提到议事日程,列为了纪念会的出版物。

　　当我翻看往日的文稿,以十多年后的眼光重新审视,觉得无论是照片还是文字内容都太单薄了,当时父亲年老体衰无暇顾及,我也忙于工作,只是利用业余时间匆匆完成,现在既然机会又一次来临,就应该尽力而为,加以充实和丰满。

　　不巧的是近两年家事繁忙,唯晚上九点以后方能静坐桌前,且长期身处异地远离南京,给进一步收集整理资料带来很多困难。经过断断续续近八个月的努力,特别是去年暑期将女儿家的扫描仪从广州带回南京,集中精力重新翻阅查找家中大量照片和文字材料,并逐一进行翻拍、扫描,以供备选。又多次到学校图书馆、仙林校区档案馆查阅、拷贝相关资料,同时不懈努力,求得各方认识的和不认识的人的热心帮助,收获了不少意外惊喜……最终将照片由原有的九十八张增加到三百五十余张,文字内容也扩充了三倍之多。在原稿基础上进行了大量补充、扩展,增添了文章的历史性、文学性、趣味性。力求让读者通过这些历史的图片和故事看到主人公曾经鲜活的身影以及他们真实的经历和生活,尽管只是吉光片羽,尽管也是雪泥鸿爪……

特别是有些珍贵老照片的得来,真可谓辗转追寻、费尽周折,留下了一次次难忘的记忆。

父亲在《桑榆忆往》一书中简短地讲述了自己的家世,其中,介绍了他的生母名字叫车诗,字慕蕴,江西南昌人,随父侨居湖南。在本书中,我选择了与父亲不同的说法。这是因为,车家的祖上有一位名人叫车万育(1632—1705),康熙进士,官至兵科掌印给事中,以敢言著称。又曾任湖南岳麓书院山长,善书法,有著作,其中流传广泛、影响深远的是一本薄薄的《声律启蒙》。父亲的外祖父车赓即是车万育的第八世孙,我查了许多资料,包括岳麓书院的历史介绍,均称车万育为湖南邵阳人,这使我十分奇怪。带着疑问,我咨询了湖南的表叔张瑞洁,他的解释是,车家确系邵阳望族,只因清朝当时有不许回原籍做官的规定,外祖父车赓为了日后能回到家乡为官,将祖籍改填为江西,果然,他就做了湖北京山、湖南永顺等地的知县。表叔又说,父亲的生母字慕韫而非慕蕴,意为仰慕东晋谢道韫,表叔的母亲字慕昭,意为仰慕汉班昭。我采信表叔之说,不仅是因为听起来很有道理,更重要的是,表叔与自己的母亲(父亲的亲姨母)共同生活了四十余年,老外婆最后的十年也居住在他们家中,饭后茶余,她们一定会多次谈起家族的往事,这一切,对于三岁就失去母亲,十五岁起就独自一人远离家乡、亲人的父亲来说,恐怕是没有机会聆听的吧。本着对细心的读者和研究者负责,我不惜赘言,存此一说。

每一张照片的背后都有一个故事,每一张照片的背后都有一双捕捉镜头的眼睛,感谢众多的摄影者,虽然我无法为你们署名。

感谢南京大学文学院、古典文献研究所举办的程千帆百年诞辰纪念活动,感谢为此付出辛劳的每一个人。

感谢南大出版社编辑的辛勤工作。

感谢此次为我提供了帮助的亲友和同事,特别是那些素昧平生的热心人。

希望这本图册能够让你们更直观地感受父亲的一生。

2013 年 4 月于广州黄花岗

图书在版编目（CIP）数据

千帆身影／程丽则著.—南京：南京大学出版社，
2013.9

ISBN 978-7-305-12173-9

Ⅰ.①千… Ⅱ.①程… Ⅲ.①程千帆(1913~2000)
—生平事迹 Ⅳ.①K825.81

中国版本图书馆 CIP 数据核字(2013)第 207155 号

出版发行	南京大学出版社
社　　址	南京市汉口路 22 号　　　　邮编　210093
网　　址	http://www.NjupCo.com
出 版 人	左　健

书　　名	千帆身影
著　　者	程丽则
责任编辑	马蓝婕

照　　排	南京紫藤制版印务中心
印　　刷	南京爱德印刷有限公司
开　　本	700×1000　1/16　印张 12　字数 65 千
版　　次	2013 年 9 月第 1 版　2013 年 9 月第 1 次印刷
ISBN	978-7-305-12173-9
定　　价	58.00 元

发行热线	025-83594756
电子邮箱	press@NjupCo.com
	sales@NjupCo.com（市场部）